日本一の懸賞達人・ガバちゃんの
劇的に当選率がアップする

当たるテクニック30

はじめに

私にとって、6年ぶりの書籍が出版されることになりました。この間、IT（情報技術）の進歩はめざましく、さらに世界中に蔓延した新型コロナウイルス感染症という未知のウイルスとの戦いによって、生活スタイルも懸賞のあり方も、大きく変わりました。さらに、ロシアのウクライナ侵攻による惨劇と、急激な値上げラッシュ、気候変動による度重なる災害、そして命にかかわる猛暑と、次々と私たちを取り巻く環境や生活に苦難が押し寄せます。

少しでも生活をラクに、そして豊かにと「懸賞」がさまざまなメディアで、注目を集めている昨今です。

懸賞歴35年の私が以前、アイスクリームの懸賞に応募した時のことです。私の知人も応募していたのですが、知人はハズレ、私は当選。知人の「つくづく私は運がないと思ったわ」に、私が、アイスが好きなことをアピールするために「〇〇をして応募したから当たったのかも」と伝えると、「そんなテクニック、知らないもん！」

と返されました。……「知らないもん」ではなく、当選したいと思って本書を手にしたみなさんには、懸賞には当たるテクニックや秘訣があることを知り、それらを実践し、たくさんの当選品をゲットし、懸賞の楽しさを知っていただきたいと思います。

件の懸賞の私の当たるテクニックは本の最後にご紹介するとして、この本ではフレッシュな達人7人が教えてくれた30個の当たるテクニックを紹介しています。また、有名懸賞サイトの運営者や、懸賞を主催する企業にも取材できました。

本書を読んで、「そんなにめんどうなことをしなくちゃ、当たらないの!?」と、驚く人もいるかもしれません。ですが、何事も、成熟した世界ほど、人と同じことをしていては、得るものは少ないとお考え下さい。

読書家としても知られる二刀流のスーパースター・大谷翔平選手は、「1回読んだだけでは、その本から得られるのは30〜40%。何度も読むことで、何度でも違う捉え方ができる」と言っています。この本も、「一度読んで終わり!」ではなく、繰り返し読んでいただければ、当選する確率も高くなると信じています。

それでは、どうぞ!「懸賞達人への扉」をお開きくださいませ!

Contents

長場典子　Nagaba Noriko

懸賞でマンションを手に入れた、懸賞歴３５年のカリスマ懸賞達人。現在は、懸賞主催者や懸賞達人への取材で全国を飛び回る、日本で唯一の懸賞ライターとして、月刊懸賞専門誌『懸賞なび』『クロスワードランド』（白夜書房）の連載をはじめ、テレビや雑誌などで幅広く活躍中。著書に『ガバちゃんの毎年１００万円当たるケーマーになれる本』『懸賞達人だけがよく当たる理由』『ガバちゃんの懸賞入門』（すべて白夜書房刊）などがある。愛称ガバちゃん。
ブログ「ガバちゃんの懸賞ココだけの話」
https://ameblo.jp/gaba6/

Part.1

スーパー×メーカーのタイアップ懸賞をねらえ！

教えてくれた達人

ちーさん

懸賞歴：20年
当選総額：300万円

ハガキ&切手は1円でも安く買う!!　浪速のお得大好きママ

「子供のために！」と思えば、より一層パワーが湧いてくる子育て世代。4歳と2歳のまだ手のかかるお子さんたちのママである大阪府在住のちーさんに「時間がない中でも懸賞熱が冷めない理由」をうかがうと、「懸賞は結果としてしっかり返ってくるので、がんばれます！」とのこと。そんな姿にご主人も「妻にとって懸賞は、毎日、歯を磨くような日常のルーティンだから」と協力を惜しみません。

ご主人が大ファンであるJリーグ「セレッソ大阪」主催試合で、何度も熱い時間を楽しんだチケットはもちろん、ちーさんからの当選プレゼントです。また、大阪はプロ野球も熱く、特に甲子園球場で開催される「阪神タイガース」主催試合のチケットプレゼントの応募には熱が入ります。当選した暁には、黒と黄色のストライプ柄のユニフォームやハッピ、応援グッズで盛り上げます！　が……実は、ご主人の推し球団は「東京ヤクルトスワローズ」！　なのに当選チケットは阪神VSヤクルト戦で、阪神の応援席……。熱狂的な阪神ファンの中に溶け込むように座るけれども、心の中は必死でヤクルトを応援するご主人。そんな状況も、当選チケットならではですね（笑）。

ご主人のためだけでなく、子供たちのための応募も欠かしません。学生時代から懸賞に応募していたというちーさんですが、お子さんが生まれてからは「子供たちのための懸賞応募にシフトしています」。特に3歳〜15歳までのお子さんに職業体験を通して社会の仕組みを学ばせる体験型テーマパーク「キッザニア」（東京・甲子園・福岡）をはじめとする、テーマパークのチケットプレゼントは気合いが入ると言います。

ちーさんいわく「キッザニアや、東京ディズニーリゾート（ＴＤＬ／ＴＤＳ）、ユニバーサル・スタジオ・ジャパン（ＵＳＪ）などの高額なチケットは懸賞で当てれば、パーク内の食事やグッズ、おみやげを充実させることができます」。家族でテーマパークを楽しむことは、かなりの出費であり、一大イベントですから、懸賞になじみのない人は、こんな夢のようなお得がある世界に、きっと目を丸くすることでしょう。

ちーさんは「つねにお得を考えながら楽しみたい」ママ！　テーマパークは「いつでも利用できるオープンチケットより、1日限定の貸切のほうが断然お得で魅力的」だと言います。なぜなら、アトラクションは並ぶことなくすいすいと乗れ、パレードもレストランもショップも混雑なく、ゆったりと楽しめることは、混雑が当たり前のテーマパークでは、とても価値のある時間となります。ある年、ちーさんは当選していたディズニーの貸切パーティーが実施される翌日に、ディズニーランドホテルで「豪華コース料理を楽しむ」キリンビバレッジ×ミニストップのタイアップキャンペーンを見つけます。「2日連続でディズニーを楽しみたい！」と対象商品のドリンク20本1口のキャンペーンに4口応募し、見事当選!! 2日連続でディズニーを大満喫できたそう。さらに全国旅行支援を使ってディズニーランド近くのホテルに、よりお得に宿泊するなど、「あなたは、プロの旅行プランナーさんですか？」とお尋ねしたいほど、お得計画の達人でもありました。

つねにお得を意識する行動が、チリも積もれば山となる

ちーさんは、ポイントを集めてお得な「ポイ活」にも余念がありません。ドラッグストアの「ウエルシア」は毎月20日のお客様感謝デーはTポイントの価値が1.5倍。Tポイント200ポイント以上の利用で1.5倍分のお買い物ができるため、この日に合わせて懸賞の買い物をします（例：Tポイント1000ポイントで1500円

達人
ちーさん

スーパー×メーカーのタイアップ懸賞をねらえ！

分の買い物ができる）。また、抽選で楽天ポイントが最大で全額還元されるチャンスがある、楽天キャッシュのキャンペーンにエントリーする等々、いつもお得情報と向き合っています。

そんなちーさんに感化されたのか、ご主人もお得情報に敏感になっているよう。たとえば、お子さんを習い事に送り迎えする際の駐車場代。3000円以上の買い物で無料になるサービスを利用して、いつもは利用しないスーパーのタイアップ懸賞に応募するための買い物をして駐車場代を浮かせます。きっちり計算して、レシートの支払い金額を3001円にするお見事な買い物に、ちーさんは感心したそう（笑）。まずはみなさんも、使っているカードやアプリのお得情報を手帳やカレンダーに書いて視覚化してみてはいかがでしょうか？　もちろん、完璧にこなしているように見えるちーさんでさえ、ときおり「あっ！　間違えた」とショックを受けることもあるとか。それもまた人間らしくてよいのでは？と思う私です。

当たるテクニック①

全国懸賞の当選人数に惑わされず、タイアップ懸賞をねらう!

ちーさんが得意としているのは、スーパーとメーカーのタイアップ懸賞。ちーさんをはじめ、達人の多くがタイアップ懸賞で実績を挙げていますが、その理由はなぜでしょうか?

たとえば、次のような懸賞があったとします。

★日本を元気に!□□メーカー創業100周年キャンペーン　当選人数1000名!!
★首都圏限定!!〇〇スーパー×□□メーカー共同企画キャンペーン　当選人数100名

前者は大手メーカー主催の全国区のクローズド懸賞、後者は首都圏のみで展開しているスーパーのタイアップ懸賞。一見、当選人数が多い前者のほうが当たりやすいと思うかもしれませんが、ここが数字のマジックで、当選確率が高いのは、後者です。

よく私は、前者は太平洋で、後者は自宅の池ほどの差があると説明しますが、全国区の懸賞と比べたら、応募者が首都圏在住者のみに限定される後者のタイアップ懸賞は応募数が圧倒的に少なく、当選確率が高いのです。実際、のちほどご紹介する丸美屋の全国区のクローズド懸賞の応募数は、なんと50万超!!　いくら当選人数が多くても、この応募数の中から当選を引き寄せるのは至難の業です。

全国区の懸賞の〝当選数の多さ〟に惑わされがちですが、まずは当選確率が高いタイアップ懸賞をねらって積極的に応募してみましょう！

当たる
テクニック②

〝レシートの対象商品名、あいまい問題〟はバーコードを貼って解決!!

タイアップ懸賞は対象商品を購入したレシートをハガキに貼ったり、レシートを撮影してWebから応募することがほとんどですが、店舗によってはレシートに正式な商品名が印字されないこともあります。「対象商品を購入したことがハッキリわからないこのレシートで応募しても、大丈夫なのかな……」と悩んだ経験がある人もいるのでは？　実はちーさんにも、そんな経験があったと言います。

「近くのスーパーで、応募期間が1カ月もない、高額なレシート応募の懸賞を見つけました。これはねらい目だと思い、レシートを作りましたが、正式な商品名が印字されていなくて……。対象商品をきちんと購入したのかどうかわかりにくかったので、その商品のバーコードをハガキの空いているところに貼りました。それで商品券3万円が当たりました！」

さすが達人、ナイスアイデアですね～！　ちーさんは、〝ホントに買ってるよアピール〟で、バーコードだけでなく、念のために対象商品のロゴを貼ることもあるそうです。

達人ちーさん宅のリビングルームにあるクローゼットの扉は、クリップ型のマグネット約40個にセットした専用応募ハガキで埋め尽くされていま

す。応募に必要なレシートやマーク、バーコードなど、まだ集めきれていない途中のものは袋に入れて専用応募ハガキとセットにするなど。つねに視覚に入るようにして、応募し忘れ防止のためのちーさん流のアイデアです。

圧巻の光景も、念のため、月半ばに、締切近いものは右に寄せるなど再チェックするクセをつけています。この「クリップ付きマグネットテク」の利点は、来客時、箱にまとめて片付ければ、即、来客用のリビングに早変わりできることです。ほかにも冷蔵庫の扉でマグネットを利用する達人、そのまま移動できる大きなホワイトボードを利用する達人もいます。ご参考までに。

当たるテクニック③

ハガキ&切手は1円でも安く買って、たくさん応募♪

昨今は断捨離ブームです。かつて切手収集家だった人たちの断捨離、あるいは遺品整理などで、メルカリなどのフリマアプリ等に出品する人たちも増え、安く買えるようになりました。特に、古い額面のハガキや切手などは売りにくいため、さらに安く出品され、お買い得になるケースもあります。ちーさんは、そういった額面割れのハガキや切手を、「楽天のフリマアプリ『ラクマ』や『ＰａｙＰａｙフリマ』で、商品の落札時に使える３％オフ、ときには10％オフといったお得な割引クーポンを発行する期間に大量に大人買いすれば、さらにコストカットできる」と教えてくれました。

額面が通常料金より安いハガキや切手は、＋１円や２円切手などを追加して貼る必要がありますが、珍しいレトロなデザインの切手を追加で貼ることで、「逆に目立つ効果もあり、懸賞に有利になる」こともあるとか。ただし、専用応募ハガキは切手を貼るスペースが狭いことがあります。追加する切手は、できればもともとの貼付面の近くに貼りたいところですが、貼れない場合は離れた余白部分でもＯＫ。人によっては、赤ペンで「不足分の切手は裏に貼りました」と書いて、ハガキの裏に貼る人もいます。ポストに投函された郵便物は、機械が料金を自動チェックして、消印が押されます。料金不足と判断されたハガキははじかれ、改めて人間が目視することになります。そうなると、配達が通常より遅くなる可能性もありますので、できるだけ締切まで余裕を持って応募することをおススメします。それでも心配な人は、郵便局の窓口で、直接「当日の消印」を押してもらうこともできます。

当たるテクニック④

テーマパークのチケットの懸賞は、オフィシャルスポンサー主催の懸賞で当てる！

ちーさんのお子さんたちが大好きな「キッザニア」のチケットの懸賞は、オフィシャルスポンサーである宅配ピザチェーン「ピザーラ」のキャンペーンでプレゼントされることがあります。「キッザニア」の料金プランはたくさんあり、場所によって料金も異なります。たとえば、「キッザニア甲子園」の日曜日の午前中の料金は園児4300円、小学生〜中学生は5300円、大人2400円となかなかのお値段です。ちーさんはそれに3回当選し、お子さんに職業体験を楽しませています。

「キッザニア」と同様に、東京ディズニーリゾート（TDL／TDS）やユニバーサル・スタジオ・ジャパン（USJ）などのテーマパークのチケットやグッズは、テーマパークのオフィシャルスポンサーがひんぱんに実施しています。キャンペーンに応募したい人は、日頃からオフィシャルスポンサーのサイトやSNSを意識的にチェックしてみてください。特に、食品関係のスポンサーは、対象商品を購入して応募するクローズド懸賞を定期的に実施しています。キャンペーンの告知は、商品パッケージにプリントされていることもあれば、スーパーやコンビニの売り場近くや専用応募ハガキをまとめているコーナーで見つかることもあります。また、各スーパー、コンビニのホームページやアプリ、LINEなどに、各企業とタイアップして実施するキャンペーンを掲載していることもありますので、買い物前は要チェックです。便利な時代になりましたが、お店に足を運んでみると、Webには掲載されていない別のおいしい懸賞を発見することもあります。やはり「現場」こそ、未知の懸賞と遭遇するチャンスがたくさんあるワンダーランドです。

当たるテクニック⑤

LINEのオープンチャットで、リアルタイムで当選報告をチェック

誰でも同じ趣味を持つ不特定多数の人とコミュニケーションがとれる「オープンチャット」があります。ちーさんは、LINEのオープンチャットから、リアルタイムの情報を得て当選した経験が何度もあると言います。たとえば、SNSで応募する先着順や大量当選のキャンペーンに「今、○○が当たりました！」というコメントが入ったら、その時間がフィーバータイムとばかり、すぐにその人の投稿を追って応募するとよく当たると言います。このパターンの懸賞は、メーカーとコンビニのコラボで実施されることが多く、当選したら、コンビニのレジで当選通知のバーコードをピッとスキャンしてもらうのが一般的です。当選人数は10万人、ときには100万人にプレゼントと大量当選で、比較的当たりやすい懸賞です。当選賞品には別のキャンペーンに応募できるシールがついていることも、よくあります。

……ちなみに、懸賞芸人・裸月光が、懸賞専門情報誌『懸賞なび』２０２３年６月号で「その場で当たる系のツイッター（現Ｘ）懸賞の当選時間」を調査・集計したところ、ワオ〜な、結果が出ました‼　それぞれ当たる時間帯にかたよりはあるものの、応募受付スタートのタイミングで当選者が続出し、キャンペーン１日目の当選者の72％がスタート１時間以内に当選しているというデータが得られたのです。つまり「キャンペーン始まりましたー！」の狼煙（のろし）を上げ、当選者を続出させることで注目を集める作戦⁉　ぜひ、みなさんも参考にしてくださいね。

ＬＩＮＥのオープンチャットには「懸賞」に関するグループが、たくさんあります。まずはホーム・トークの検索窓から「オープンチャット　懸賞」で検索してみてください。「最初にいくつかのグループに参加して、自分と相性のよいグループを探すことをおススメします」とちーさん。基本的には登録者数の多いグループは、その分、有益情報も入りやすいですが、たくさんの人が投稿するのでせわしなくなるそう。みなさんが、オープンチャットから有益な情報を得られますように！

Part.2

主催者に選ばれるハガキの書き方

教えてくれた達人

ひかりんさん

懸賞歴：33年
当選総額：約1300万円

主催者への〝気遣い応募〟で当選を引き寄せる

懸賞応募の基本として、主催者の手をわずらわせるような応募は避けましょう。「手をわずらわせる」にはいろいろありますが、料金不足、必要事項の抜け、最近は、当て字やキラキラネームなど、読めない漢字も多くなりました。その対処法として、難しい漢字には、ふりがなをふったり、あえて「ひらがな」にして応募している人もいます。そして、そのほうが当たるようになったという人もいます。逆に、主催者にとって助かるという応募の仕方もあることを、懸賞歴33年の達人・福岡県のひかりんさんの〝気遣い応募〟が参考になりますのでご紹介しましょう。

当たるテクニック⑥

イベント懸賞には、主催者を安心させるコメントを添える！

達人ひかりんさん　主催者に選ばれるハガキの書き方

たとえば、東京開催のイベントに地方の人が応募したとします。主催者は、遠方の応募者ほど「当日、本当に出席してくれるのだろうか!?」と不安になります。そのため、主催者の不安を取り除くような、「その日は必ず行けます！」という理由を書くことをおススメします。ひかりんさんも、東京の羽田空港内で開催されたイベント懸賞に、「イベント開催日は、子供の修学旅行のお見送りで空港に行く予定なので、そのまま私も東京行きの飛行機に乗ります」とコメントし、当選したと言います。

イベントの主催者は毎回、当日欠席する人のことを考慮して多めの当選通知を発送しています。急病や悪天候など、当日欠席の理由はさまざま。でも、盛況のはずの会場が埋まらなければ、出席した人は「あれ？　応募が少なかったのかな？」と思いますし、主催者は「失敗した～」ということになります。だからこそ、主催者が安心する「必ず参加できる理由とコメント」は当選への近道となるのです。「会場まで○○線で20分。とても近いです！」「○月○日はカレンダーに花丸入れました！」等々のコメントをぜひ書き添えて応募してみてください。

当たる
テクニック⑦

旅行先で見つけた懸賞は
その地で即応募

福岡県在住のひかりんさん。ご主人は、仕事で単身赴任の時期がありました。そんな状況を上手に利用しながら、懸賞に応募していました。たとえば、ご主人の単身赴任先の東京へ陣中見舞いで上京する時。ひかりんさんは、からっぽのスーツケースを片手に上京し、時間を見つけては都内のスーパーめぐりを欠かさなかったと言います。もちろんお店では懸賞情報をチェックし、買い物をしてレシートを作ります。

都内で見つけたスーパーの懸賞に、福岡の住所で応募しますが、応募の際は「東京で単身赴任する主人の食事用に買いました」「旅行で上京し、買ってみました」などのコメントをひと言、必ず書き添えます。なぜなら、主催者に「東京で実施している懸賞に、なぜ福岡の人が応募?」と、あやしまれないためです。昨今はフリマアプリやネットオークションで、レシートの売買をする人もいるようで、そういった「あやしい」を払拭する一言を添えることは大事だと、ひかりんさんは言います。また、地方はスポーツ新聞や週刊誌等の発売が遅く、さらにコンビニや書店の納品数も少ないため入手困難になるなど、締切に間に合わず応募を断念することもあるとか。そのため、上京は応募の大チャンス！　プレゼント情報が豊富な雑誌やスポーツ新聞、さらには駅やアンテナショップなどでフリーペーパーを見つけてはすぐにゲットし、東京に滞在中に即応募。「懸賞を福岡まで持ち帰らない」ことを自分ルールにしていました。

当たるテクニック⑧

クローズド懸賞のレシート応募の買い物には競合他社の商品を買わない！

ひかりんさんが対象商品を購入して応募するレシート応募のクローズド懸賞に応募する時は、「競合他社の商品は買いません」とキッパリ。

これに、「関係なくない？　だって、ライバル会社の商品を一緒に買ったレシートで当たったことあるもん」という人もいますが、確かに、そういうこともあるでしょう。ですが、そこは、日本人の美徳とされる〝気配り〟があってもよいかと思います。もしかしたら、別の懸賞で「失礼な人だなあ」とボツにされていたらどうしますか？念には念を！

当たるテクニック⑨

つねに運気アップを意識する！

達人の多くが、幸運を呼び込むための行動やラッキーアイテムを意識しています。ひかりんさんが運気アップのためにしている具体例をご紹介しましょう。

◉応募ハガキには、ご利益をすり込む

ひかりんさん宅のリビングには、家族の安寧と運気アップのお神札やお守りがキレイに飾られています。こういったお神札を家の中に飾る場合は、家族が多く集まる場所（リビング）がよいとされています。また、ひかりんさんのご主人は今、御朱印にハマっているそうで、金運がアップすると評判の東京・高田馬場にある「穴八幡宮」のハガキが入るサイズの布袋をプレゼントしてくれたとか。ひかりんさんは、作成したハガキをすぐに投函せず、一旦この布袋に入れ、ご利益をすり込ませてから投函すると言います。「せっかく応募するなら、運気がアップするある種の儀式も大切」とのこと。

ご主人がプレゼントしてくれた、東京・高田馬場にある「穴八幡宮」の布袋には作成した応募ハガキを入れて、ご利益をすり込ませてから投函します

◉馬蹄（ばてい）形のネックレスを身につける。

取材時、「いつも愛用している」という馬蹄形のネックレスを身に着けていたひかりんさん。馬蹄は、馬のひづめを保護する蹄鉄のことですが、U字の形が幸せを受け止め、幸運をもたらすモチーフとして人気です。逆にU字が下向きの形もあり、こちらは「幸運が降り注ぐように」という願いが込められているとのこと。同じ身に着けるなら、運気アップのアイテムをセレクトするのがケーマーさん流ですね。

◉縁起が良さそうなポストから投函

ある時、ひかりんさんは地元・福岡県福岡市にある愛宕山の北麓の岩窟弁財天社の近くにポストを見つけます。「これも何かのご縁」と、それ以来、このポストから投函するようになったそう。投函するポストにこだわる達人は多く、神社に近いポスト、昔ながらの古いだるまポストや黄色のポストなど、自分にとって縁起も相性も良いポストから投函しています。

ところで、みなさんは、2021年開催の東京オリンピック・パラリンピックで金メダルを獲得した日本人選手の栄誉をたたえ、ゆかりの地に「ゴールドポスト」が設置されていることをご存じでしょうか？　すでに、偉業を成しとげた選手のパワーを注入するため、応募ハガキを投函している人も多いと思いますが、もし、〝おらが村の英雄〟の名前が刻まれたポストがあることを知らなかったという人は、それこそもったいない！　ぜひ、チェック＆投函して、次はあなたが、金メダル級のビッグ当選という偉業を果たしてくださいね♪

早稲田大学（早大南門通り付近）に設置さているゴールドポスト。レスリング女子フリースタイル５０kg級で金メダルを獲得した須崎優衣選手の栄光をたたえて設置されました。

「ゴールドポスト」設置場所

全国に７９カ所　※２０２２年5月２５日現在。設置日順に掲載

御所見郵便局前（神奈川県藤沢市）／ＪＲ高松駅前（香川県高松市）／ＪＲ彦根駅西口ロータリー（滋賀県彦根市）／寄居町役場北口前（埼玉県大里郡）／鳥羽ショッピングプラザハロー前（三重県鳥羽市）／松原市役所前（大阪府松原市）／下関中之町郵便局前（山口県下関市）／総社市役所正面玄関前（岡山県総社市）／ＪＲ今治駅前（愛媛県今治市）／都営新宿線東大島駅大島口（東京都江東区）／ＪＲ五反田駅西口（東京都品川区）／筑波大学内郵便局前（茨城県つくば市）／下総郵便局前（千葉県成田市）／ＪＲ国分駅前（鹿児島県霧島市）／高崎下大類郵便局前（群馬県高崎市）／ＪＲ高崎駅西口（群馬県高崎市）／西成郵便局前（大阪府大阪市）／大宝郵便局前（滋賀県栗東市）／日本体育大学東京・世田谷キャンパス前（東京都世田谷区）／イオンモール浜松市野（静岡県浜松市）／ＪＲ八軒駅前（北海道札幌市）／津幡町役場前（石川県河北郡）／ＩＲいしかわ鉄道　津幡駅前（石川県河北郡）／森田郵便局前（福井県福井市）／ＪＲ福井駅西口（福井県福井市）／越前市役所前（福井県越前市）／八尾市役所前（大阪府八尾市）／神戸駅中央口（兵庫県神戸市）／笛吹市役所市民窓口館前（山梨県笛吹市）／鹿部町役場前（北海道茅部郡）／バンテリンドームナゴヤ前（愛知県名古屋市）／ＪＲ東浦和駅前（埼玉県さいたま市）／聖隷三方原病院前（静岡県浜松市）／伊部駅北口（岡山県備前市）／那珂川片縄郵便局前（福岡県那珂川市）／ファミリーマート熱田切戸町店前（愛知県名古屋市）／磐田市役所前（静岡県磐田市）／トークピア川崎向かい（神奈川県川崎市）／ＪＲ大分駅北口（大分県大分市）／大分駅内郵便局前（大分県大分市）／大分東郵便局前（大分県大分市）／岩出市役所前（和歌山県岩出市）／木田駅北口（愛知県あま市）／四日市市役所前（三重県四日市市）／九学通り（九州学院高等学校側）（熊本県熊本市）／ＪＲ清水駅前（静岡県静岡市）／佐賀女子短期大学前（佐賀県佐賀市）／鹿児島明和郵便局前（鹿児島県鹿児島市）／北名古屋市役所東庁舎前（愛知県北名古屋市）／瀬谷駅北口（神奈川県横浜市）／町屋一本松整骨院前（東京都荒川区）／千葉泉谷郵便局前（千葉県千葉市）／ＪＲ千葉駅東口前（千葉県千葉市）／Ａ．Ｃｉｔｙプラザ前（広島県広島市）／柏郵便局前（千葉県柏市）／横浜商科大学つるみキャンパス前（神奈川県横浜市）／地下鉄井高野駅２番出口付近（大阪府大阪市）／ミニストップ仲原店前（東京都東大和市）／蒲郡駅前（愛知県蒲郡市）／秦野東海大学前郵便局前（神奈川県秦野市）／毛呂山町役場前（埼玉県入間郡）／天理郵便局前（奈良県天理市）／守礼堂前（沖縄県那覇市）／八重山郵便局前（沖縄県石垣市）／宮城野原公園総合運動場入口付近（宮城県仙台市）／古賀舞の里郵便局前（福岡県古賀市）／西日暮里駅改札前（東京都荒川区）／勝幡駅北口（愛知県愛西市）／中村郵便局前（静岡県掛川市）／東京メトロ後楽園駅出口（京都文京区）／久留米市役所（福岡県久留米市）／九品仏浄真寺参道入口（東京都世田谷区）／天神地下街西４番出口（福岡県福岡市）／すみれガ丘中央公園前（兵庫県宝塚市）／日野南平郵便局前（東京都日野市）／ＪＲ伊東駅前（静岡県伊東市）／岡山駅前　市役所筋東側（岡山県岡山市）／早稲田大学（早大南門通り付近）（東京都新宿区）／米子市役所前（鳥取県米子市）

詳細はホームページ（https://www.kantei.go.jp/jp/singi/tokyo2020_suishin_honbu/gold_post_project/index.html）をご確認ください。

Part.3

応募もデコもスマホにおまかせ！

教えてくれた達人

mihoさん

懸賞歴：6年
当選総額：200万円以上

デザインの仕事で培った、センスあふれるデコハガキの達人

ハガキのレイアウトセンスがバツグンで、デコハガキの達人であるｍｉｈｏさん。それもそのはず、小さい頃から図工や美術が大好きで、グラフィックデザインの専門学校に2年間通い、その後は6年間、デザイン会社に勤めたと言います。現在は結婚し、専業主婦としてマイペースで懸賞生活をエンジョイしていますが、バリバリ働いていた当時は都心にある超有名動物園や水族館で販売されるグッズのデザインを担当していたというのですから、プロのワザがデコハガキにも活かされているということですね！

まずはｍｉｈｏさんのステキなデコハガキを、とくとご覧あれ！

達人
miho さん

応募もデコもスマホにおまかせ！

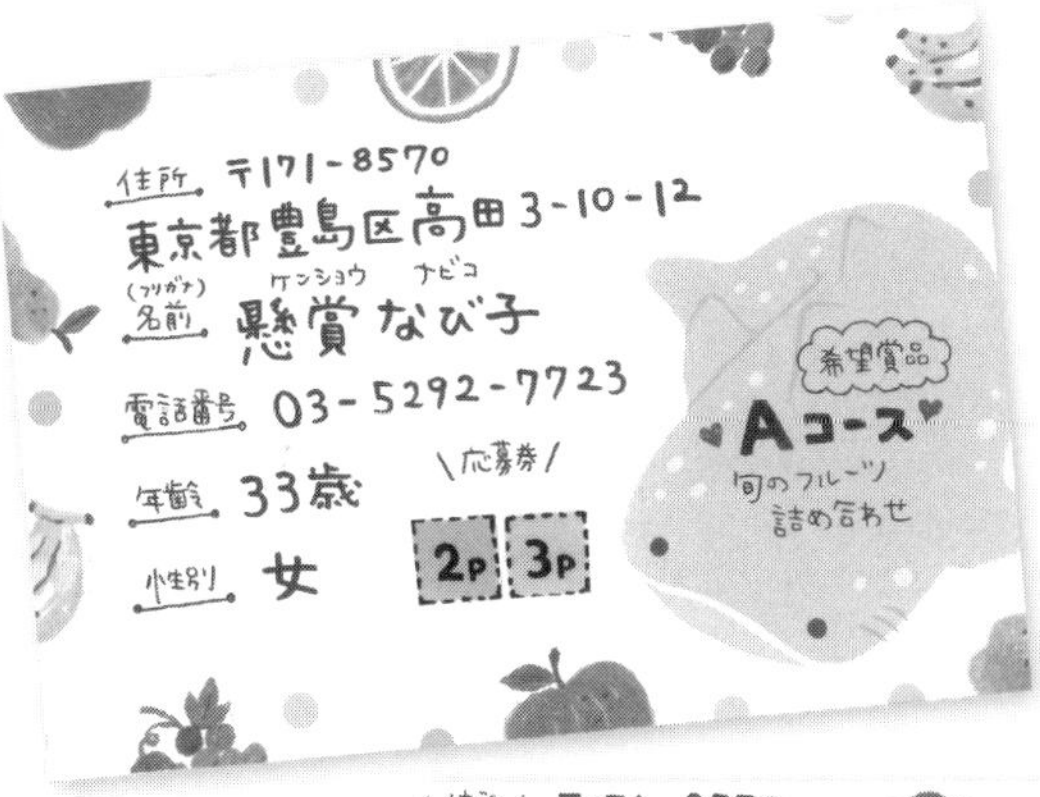
住所 〒171-8570
東京都豊島区高田3-10-12
(フリガナ)名前 懸賞《ケンショウ》なび子《ナビコ》
電話番号 03-5292-7723
年齢 33歳
性別 女
応募券
2P 3P
希望賞品
Aコース
旬のフルーツ
詰め合わせ

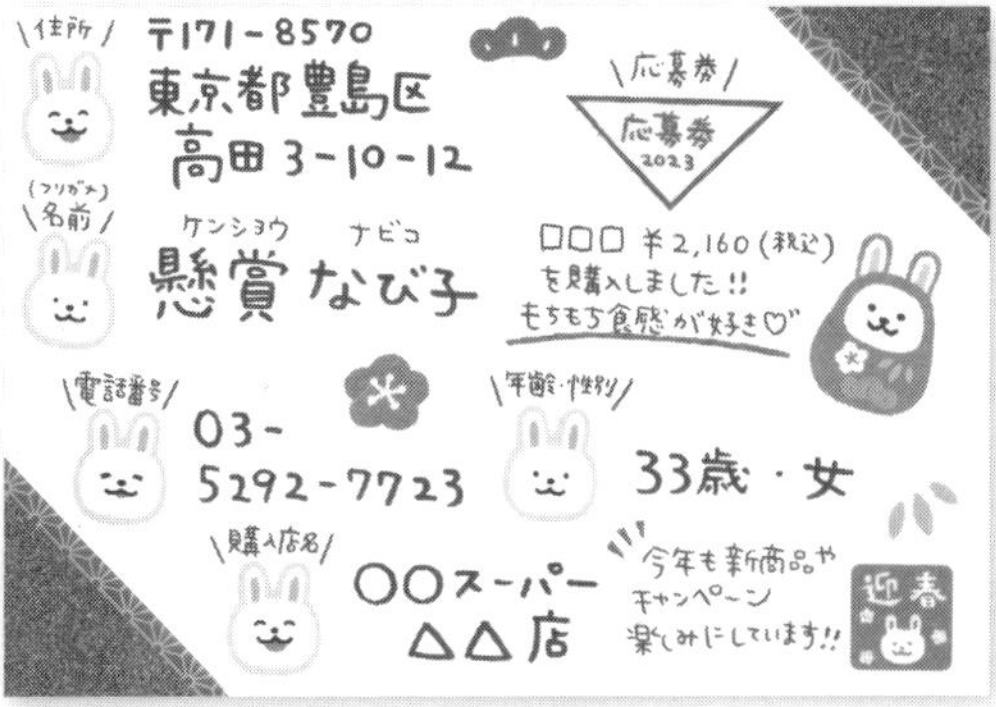
住所 〒171-8570
東京都豊島区
高田3-10-12
(フリガナ)名前 懸賞《ケンショウ》なび子《ナビコ》
応募券
応募券 2023
□□□ ¥2,160(税込)
を購入しました!!
もちもち食感が好き♡
電話番号 03-
5292-7723
年齢・性別 33歳・女
購入店名 ○○スーパー
△△店
今年も新商品や
キャンペーン
楽しみにしています!!
迎春

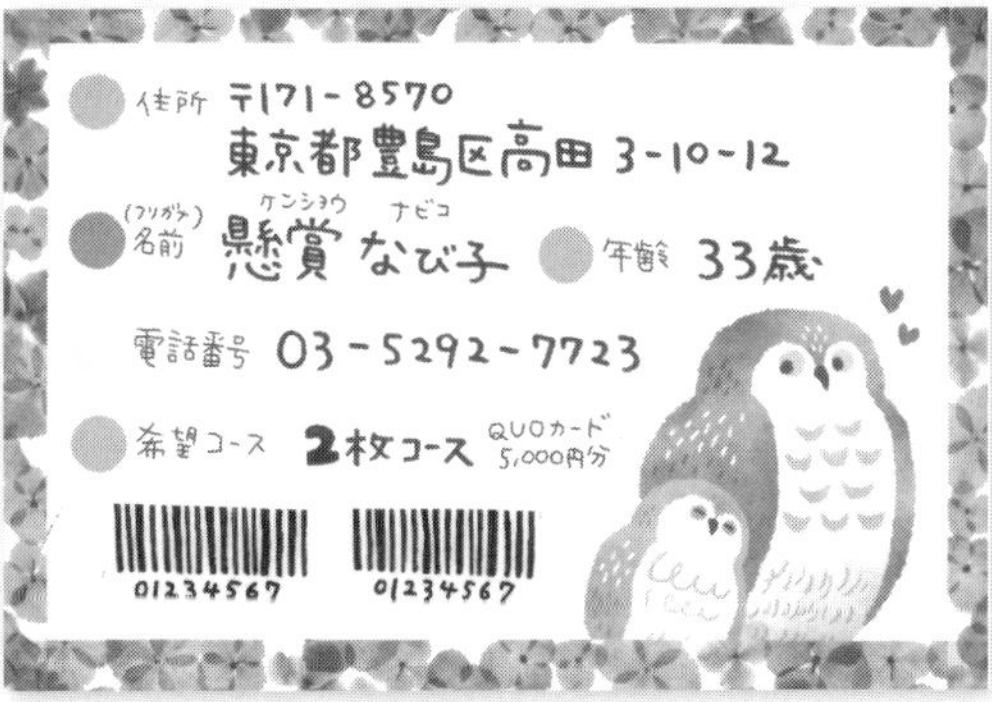
住所 〒171-8570
東京都豊島区高田3-10-12
(フリガナ)名前 懸賞《ケンショウ》なび子《ナビコ》
年齢 33歳
電話番号 03-5292-7723
希望コース 2枚コース QUOカード 5,000円分
01234567
01234567

当たる
テクニック⑩

インパクト大な イラストのハガキで応募♪

デコハガキの作り方としては、「マスキングテープやシールを貼る」「イラストを描く」などいろいろな方法があります。イラストが上手な人は、ハガキに企業のキャラクターのイラストを描いた世界に1枚の渾身のデコハガキで、キャンペーンや賞品への熱い思いをしたためる人もいます。イラストのデコはオリジナルのオンリーワンなため、インパクト大！ ただ、「イラストが苦手」という人は案外多いもの。そこで、デコハガキの達人・ｍｉｈｏさんが、令和ならではのデジタルツールを使った「誰でも簡単にイラストを描けるトレースの方法」を教えてくれました。ぜひお試しあれ！

達人直伝　誰でも簡単♪
スマートフォンを使ったトレースの方法

❶　お好みの画像を表示し、好みのサイズに拡大、縮小して「スクリーンショット（画面を保存）」します

❷　画面の明るさをMAXにします（郵便はがきは少し厚めなので、明るさはMAXがおススメ）

❸　1つのアプリしか使えないようにする「アクセスガイド」（iPhoneの場合）または「画面の固定」（Androidの場合）機能を使い、表示した画像を画面上に固定します

❹　スマホの上に郵便はがきをのせて、マスキングテープなどで仮止めしたあと、ハガキに写るイラストの線をお好きなペンでトレースします

❺　キャラクターの外形を書き写したら、見本を参考に、発色がよい「コピック」で色を塗れば完成♪

色を塗ると、一層見栄えがアップしますよ♪

ここで、注意しなければならないのが著作権の問題です。他者の著作物をトレースして「自分の作品として公開」したり「トレースした絵を売る」というような行為は著作権侵害になります。ただし、あくまで私的利用の範囲となる懸賞応募のデコとしてトレースする分には問題ないようです。

当たる
テクニック⑪

ただ応募するのではなく、考えながら応募する

ちーさん（7ページ）と同じく、スーパーとメーカーのタイアップ懸賞や、バーコードやマークを集めて応募するクローズド懸賞を得意としているｍｉｈｏさん。自慢の当選の1つに、２０１9年6月に実施された「京都抹茶バスツアー」があります。対象商品を購入し、アプリから応募するＷｅｂのクローズド懸賞で、ｍｉｈｏさんは対象商品の超有名アイスクリーム25個を購入し、見事、1泊2日の「京都・抹茶バスツアー」をゲットしたのです。「これはねらい目の懸賞だと思って、即応募した」と言うｍｉｈｏさん。実際、ｍｉｈｏさんが主催者から聞いた応募数は１１５7件だったそう。すなわち、当選倍率は約50倍でした。

さて、この応募数１１５7名にみなさんは多いと思いますか？　それとも少ないと思いますか？　有名なアイスクリームの全国懸賞で、賞品はとても豪華な1泊2日の

バスツアー（ペア招待）。それで当選倍率約50倍は、私からすると、少ない印象です。では、なぜ少なかったのでしょうか？

達人 mihoさん　応募もデコもスマホにおまかせ！

★恒例のキャンペーンではない

創業○周年や発売○周年などの記念イヤー、特にちょうどキリ番になる年には豪華な懸賞を実施する企業は多いものです。定期的に実施される懸賞は人の記憶に残りやすいですが、恒例ではない懸賞は、よほどインパクトがある告知をしないと応募につながらないことはよくあります。

★Web応募のみ

スマホを簡単に操作する年代、いわゆるデジタル世代であれば、アプリ内でポイントを貯めて応募する懸賞にそれほどむずかしさを感じないと思いますが、デジタルにうとい世代は、情報を得たとしてもチャレンジする人は少なかったと考えます。ただし、これからは、デジタル世代の人口増加に比例して、応募数も増えるため、難関になることは間違いありません。

★応募条件は25個購入

有名でおいしいアイスクリームとはいえ、25個を購入する条件は一気にハードルが上がります。希望小売価格325円（2023年4月現在）で計算すると25個×325円=8125円。いくら懸賞が大好きなケーマーとはいえ、よく「自分へのご褒美に」「特別な日だから」で買う人が多いと言われる、この高級アイスクリームを8000円分も購入できるでしょうか？　応募条件のハードルの高さに、応募を断念した人もいたでしょう。

ちなみにｍｉｈｏさんは、親戚が集まるお盆に、おみやげとして買ってポイントを集めたといいます。これはナイスアイデアですね◎

★集合は現地「京都駅」

遠方の人ほど、交通費の負担が多くなります。2022年に発売された『懸賞当てるコツ＆裏ワザ100vol．6』で、ケーマー1000人に「宿泊券が当たる懸賞で、交通費が自腹の場合、いくらまで出せますか？」のアンケートでは、3万円以上になると応募しない人が48％もいました。首都圏内から京都まで新幹線を使えば往復で1人3万円、ペアなら6万円近くになりますので、これも応募数が減るポイントになります。

Q　宿泊券が当たる懸賞。交通費は自腹の場合、交通費はいくらまで出せる？（往復、1人あたり）
①1万円未満　27％
②1万円以上〜3万円まで　25％
③いくらでも出せる！　39％
④交通費ナシなら、応募しない　9％

いかがでしょうか？「ただ応募するだけでなく、思考すれば、勝機あり！」の懸賞に遭遇することはいくらでもあります。だから続けることが大切なのです。

当たるテクニック⑫

スマホの「メモ帳」アプリで スマートに情報管理

mihoさんが懸賞目的でスーパーに行く時は、まずは専用応募ハガキコーナーをチェックし、合わせてスマホの「メモ帳」アプリに記録した懸賞をチェックしながら買い物をします。最近、この「メモ帳」アプリを使って「懸賞応募の管理」をするデジタル世代の達人が増えましたが、mihoさんもその1人。

「メモ帳」アプリには、スーパーごとにキャンペーン名、対象商品、購入金額、締切、WEB応募可か否かを確認できるように記録。チェックを付けたり、はずしたりできる「チェックリスト」機能を

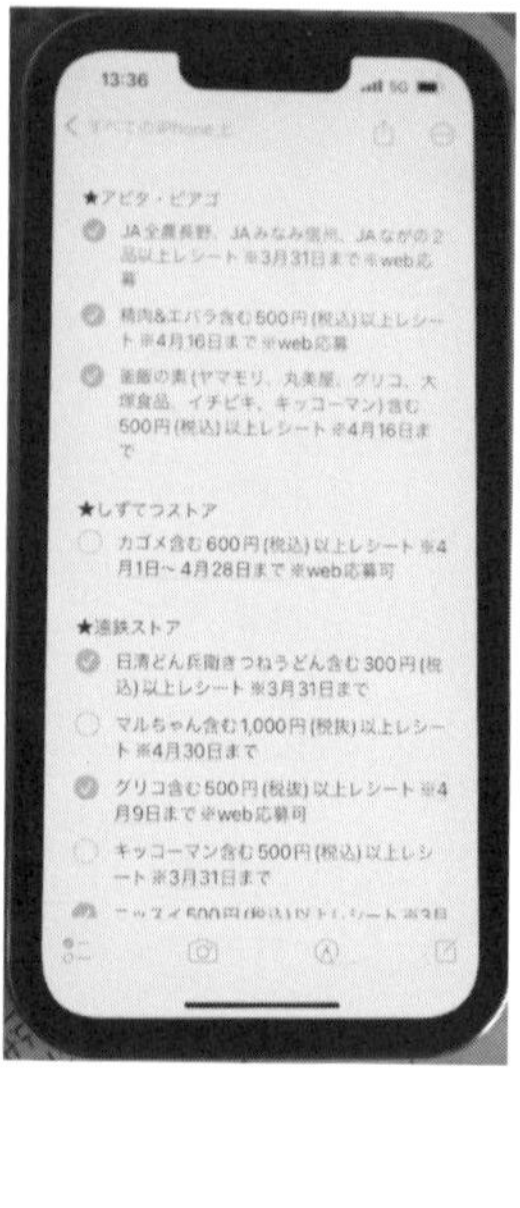

使えば、応募状況がひと目で確認できます。また、応募済みの印であるチェックが付いていても削除していない懸賞は複数口応募する予定のもので、2口目の応募はご主人の名前でWeb応募するなど、応募方法を変えるのが達人のテクニックです。

達人のお父様に聞く！ キャンペーンの裏側

実はmihoさんのお父様は20年ほど前、某一流菓子メーカーのキャンペーン担当者だったそう！ 取材の際、お父様（mihoパパ）から貴重な抽選現場の証言をいただきましたので、お父様の発言を私なりに分析した「ガバ's eye」とあわせてご紹介したいと思います。

mihoパパ：キャンペーンの規模や応募数にもよりますが、4〜5人の担当者で約1〜2時間で当選者を選ぶ

ガバ's eye：「規模や応募数」↓全国展開かスーパーとメーカータイアップのローカル懸賞なのかでも違ってきます。

ｍｉｈｏパパ：すべてのハガキを見るわけではなく、ランダムに手に取ったハガキに目を通し、コメントが書いてあれば読み「買い物によく行く40代の人がいいかな～」「当たったらお子さんが喜ぶかな～」など、担当者の好みで選ぶこともある

ガバ's eye：「ランダムに手に取る」↓デコハガキが「おやっ？」とアイキャッチになって手に取られる可能性もあります。そして「コメントがあれば読む」↓ここまでくれば当選がグッと近くなるかも！

ｍｉｈｏパパ：字が上手・ヘタは関係なく、読めない字のハガキは外します。なぜなら必要事項が間違って、当選品が届かないなどのトラブル防止のため

ガバ's eye：「私、字がヘタなのがコンプレックスで……」と言う人がいますが、懸賞では判読できない字がアウトで、ヘタでも読めればセーフです。自分でわからない場合は、あなたのまわりに、誰に対しても忌憚なくストレートな意見を言う人はいませんか？　その人にあなたの字が読める字か読めない字かを確認してもらうのもありかと思います。もし、アウトであれば、パソコンで打った印刷文字で大丈夫です。

達人
mihoさん
応募もデコもスマホにおまかせ！

mihoパパ：「スタートしてすぐ」「締切ギリギリ」など、応募する時期に有利・不利はなし

ガバ's eye：定期的にキャンペーンを実施し、かつ応募数が多い企業の懸賞は、応募した時期はほとんど関係ありません。

ただ、初めてキャンペーンを実施する企業や個人商店などは、とにかく「反響が気になるもの」。ですから、早めの応募をおススメします。以前、初めてプレゼント企画を実施した某個人経営者の人が「一番に届いたハガキに感激し、即、当選枠に入れた！」と言っていました（笑）。またデジタル時代の今は、キャンペーン期間の前半に当選者をたくさん出して、ネット上でキャンペーン告知を拡散させるという戦略をとる企業もあります。

mihoパパ：当選者名簿を作成し、同じキャンペーンに同じ人が2個当選していたら、1個は外す

ガバ's eye：「重複当選はなし」とする企業がほとんどで、それを知るケーマーさんの多くが、自分の名前で応募した次は、実家のお父様やお母様の名前で応募してい

ます。主催者様へ、1個の当選では飽き足らない、ケーマーの煩悩をお許し下さいませ！

mihoパパ：懸賞は終了したらその都度リセット。過去の当選者を確認することはなし

ガバ's eye：これを心配する人は多いですよね。メーカーにもよりますが、基本的に毎回リセットされると思っていいでしょう。ただ、テレビやラジオ、雑誌などのメディア懸賞は、当選者発表などで当選者を容易に確認できるため、特にビッグ賞品が当選した場合は、しばらくそのメディアで当選しない可能性が高いです。

mihoパパ：対象商品を購入して応募するクローズド懸賞より、簡単なクイズに答えて応募するオープン懸賞のほうが圧倒的に応募が多い！

ガバ's eye：「圧倒的に多い」が響きますねえ。やはり、ねらうならオープン懸賞よりもクローズド懸賞！と書きたいところですが、クローズド懸賞でも、購入条件の金額が高いか安いかでも応募数は違ってきます。

達人
mihoさん

応募もデコもスマホにおまかせ！

たとえば、毎年恒例のタカノフーズのおかめ納豆のバーコードを集めて応募する懸賞は、対象商品の単価が安く、またバーコードをストックできるため、毎回かなりの激戦です。一方、某達人は、ベビー用品メーカーの懸賞で、5000円分を購入したレシートで応募するツイッター（現X）懸賞に4口応募して、合計30万円分の商品券が当選したと言います。対象商品がベビー用品で、高額なクローズド懸賞という点で応募する人が限定される懸賞です。達人いわく、「キャンペーンを見つけた時点で、当選数より応募数が少なく、チャンスだと思いました！」。達人は、勝機を見逃さず、即アクションを起こしますね。そしてデジタル時代の今は、ツイッター（現X）やインスタグラムなどのSNS懸賞は、応募数や他人のコメントなどを確認できるので応募の戦略を立てやすくなります。なので、「ただ応募するのではなく、考えて応募する」人が当選を引き寄せることができるのだと感じます。

達人mihoさんのデコハガキコレクション

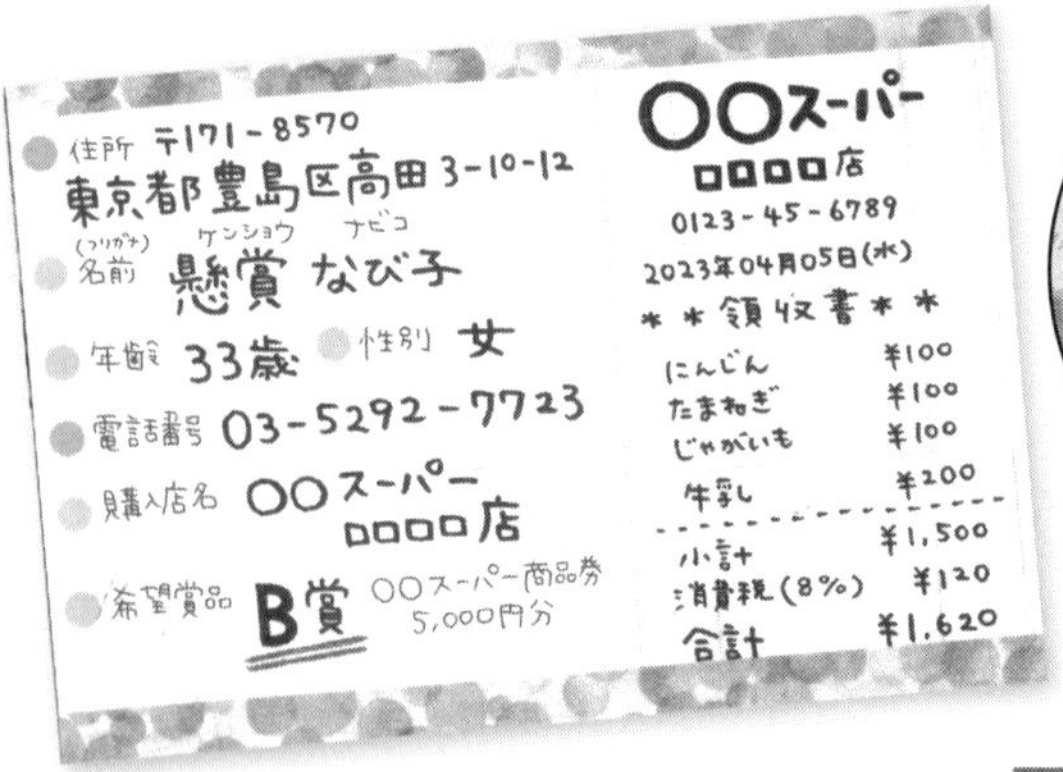

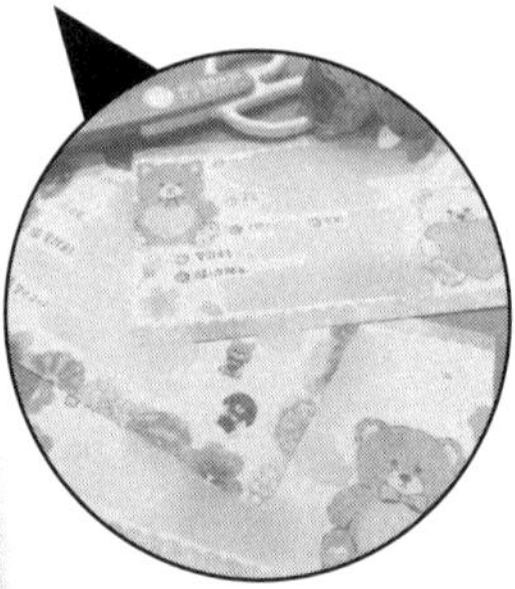

マステや付せんをよく使います。イラストの彩色はあざやかな発色の「コピック」を愛用中♪(miho)

Part.4

オンリーワンのハガキで、ほかの人に差をつける！

教えてくれた達人

みゆキングさん

懸賞歴：15年
当選総額：800万円

ご主人お手製の世界に1つだけの消しゴムハンコで当選を引き寄せる！

〝副業に懸賞〟〝コロナ禍のおうち時間に懸賞〟と、懸賞人口が増え、飽和状態にある昨今です。ネット上には懸賞を当てるテクニックに関する情報がたくさん紹介されていますが、今は、誰もがイメージできるデコやコメントは埋もれてしまい、当選につなげることが難しい時代になっています。そんな時代だからこそ「オリジナリティー」が生きてきます。みゆキングさんのハガキ応募のテクニックと当選体験にフィーチャーしてみましょう。

スーパーとメーカーが共同で実施する、買い物をして応募するクローズド懸賞がお得意のみゆキングさん。基本的には、店頭の専用応募ハガキで応募しますが、デコもコメントも一切しません。強いてあげるとするなら、額面印に「当たる」と書いてから切手を貼るおまじない。対して、郵便はがきで応募する雑誌やフリーペーパーなどの懸賞は、〝世界に1つだけの必殺アイテム〟を使って当選を引き寄せています。そ

達人 みゆキングさん

オンリーワンのハガキで、ほかの人に差をつける！

れが、懸賞に特化した〝ご主人お手製の消しゴムハンコ〟です！

みゆキングさんから「こんなイメージで作って」と発注（？）があると、ご主人はネットでいろいろなイラストを参考にするなどして下書きをします。みゆキングさんのOKが出たら、制作にとりかかります。1個30分ほどで作り、これまで40個ほど制作したというのですから、あっぱれ！

子供の頃から図工や絵を描くことが得意だったというご主人が作る消しゴムハンコは、どれも思わずクスッと笑える、親しみやすいデザイン。そこへ、ぷっくり浮きあがるエンボス加工をほどこしてプチ3D化し、さらに付せんやサインペンで雲状に描いた吹き出しにコメントを書き入れるのは、みゆキングさんの役目。サインペンの色は、

メッセージを引き立てる脇役カラーの黄色がおススメとのこと。

みゆキングさんに「一番のお気に入りの消しゴムハンコは？」とたずねると、「『プレゼントが欲しい』と女の子がよだれを垂らしている消しゴムハンコ（49ページ）は、いろいろな懸賞に応用が利いて万能！」だと言います。手が込んだ消しゴムハンコで作るオンリーワンのハガキの効果は抜群で、これまでに現金や高級化粧品など、かなりの頻度で当選し、「こんなに当たっていいの〜！」と驚きが続いているそう。

達人
みゆキングさん

オンリーワンのハガキで、
ほかの人に差をつける！

夫婦円満で当選ザックザク

以前、「お金に好かれる人になる10カ条」が染め抜かれた手ぬぐいを見たことがあります。その中の1つに「夫婦仲が良いこと」というものがありました。これまで私は500人以上の達人に取材してきましたが、「夫婦そろって懸賞好き」という人は案外少なく、「奥様が懸賞好きだけど、ご主人は懸賞をしない」ご夫婦が圧倒的に多く、さらに分類すると「ご主人は懸賞を応援してくれる」と「懸賞を心よく思わない」に分かれます。ケーマーであれば、誰しも楽しく応募したいもの。つまり、応援してほしいというのが本音ですよね。

みゆキングさんのご主人は応募こそしませんが、奥様の懸賞応募をサポートし、応援してくれる中学時代の同級生。スランプが長引き凹むみゆキングさんが「今日は当選品、届くかな〜？」とご主人に問えば「届く！」と返す。「今日は何回ピンポン鳴るかな〜？」の問いには「1回！」の返答。「いや、そこは2回って言って！」など、夫婦漫才のような押し問答にもつき合ってくれるご主人。それが功を奏すのか1

日に3回もピンポーンが鳴ってお届け物が届いたこともあるとか。みゆキングさんが「クローズド懸賞のためにスーパーをめぐりたい」と言えば、休日にムダなく回れるようにナビゲーションする運転手に早変わり。照れ隠しなのか「どうせ、ヒマなので……」とはにかむご主人に向かって、「本当によき理解者であり、協力者であることに感謝しています」と、感謝の言葉を口にするみゆキングさん。そんなお二人のご自宅の中は、思わず「すごい！」と声が上がるほどの当選品がぎっしり山積み♥　みなさんのお宅はいかがでしょうか？

当たるテクニック⑬

アンケートの回答は＋αが必須

郵便はがきで応募する雑誌やフリーペーパーに多いのが、アンケートに答えて応募する懸賞。スタッフはアンケートの集計を今後の誌面作りの参考にしているので、みなさんもメディアのスタッフになったつもりで回答することをおススメします。そして、ここからがご主人の消しゴムハンコ効果が発揮されることになります。重要なのはアンケートの内容ですが、文字ばかりで味気ないハガキになりますよね。そんな中、オリジナルの消しゴムハンコが「あっ、かわいい♥」「あっ、笑える〜！」とワンポイントになるのです。恐らくスタッフは「へ〜、こんなかわいいスタンプがあるんだ〜」と感慨深く見入ることでしょう。そして「あれ？手作り!?」とわかれば、さらに印象が強くなり、当選に近づくというわけです。

とはいえ、アンケートの内容も重要！　ということで、みゆキングさんをはじめ、実際に当選した達人たちの回答テクニックをご紹介しましょう。

達人 みゆキングさん　オンリーワンのハガキで、ほかの人に差をつける！

★おもしろかった記事など、ページや記事番号を回答するだけでよいアンケートでも、選んだ理由を必ず書く！

「私も○歳の子を持つ親なので、○ページのの記事に共感しました」「○ページのインタビューを興味深く読みました。今、私も○○さんと同じ病気で入院中です。○○の発言から、たくさんのエネルギーをもらいました」など、自分に重ねたコメントは説得力があり、スタッフの心に刺さります。

★「つまらなかった記事」も必ず指摘

応募する側としては、「悪口を書いたら印象が悪くなり、当ててもらえないのでは……」という心理が働きますが、達人はしっかり書いています。

「肝心のスクープ写真がモザイクで、信ぴょう性が低くなってしまい残念です」「税金の話は難しすぎました。マンガだったら、もっとわかりやすくなったかもしれません」などと提案をプラスすれば、スタッフには建設的な意見と受け取られ、逆に好印象を与えますね。

★回答はより具体的に、わかりやすく

たとえば、「今後、取り上げてほしい記事は？」という質問。達人はスタッフが興味を引くように、より具体的なことをどしどし提案します。「定期的に懸賞企画が特集されていますが、まとめて別冊にしてほしいです」と回答して、現金5000円をゲットした達人がいましたよ〜。また、「取り上げて欲しい有名人は？」という質問には名前だけでなく、スタッフがすぐに確認できるように「映画○○に出演していた○○さん」と有名人の出演作品を書いたり、SNSのアカウントを書いたりする達人

もいます。有名人の知名度は世代間でギャップがあるので、＋αでひと言添えてあると誰にでもわかりやすいですよね。

ちなみに、雑誌やフリーペーパーのプレゼントを得意とする達人の多くが発売日や発行日に入手し、すぐに応募しています。ある達人は、証拠となる発売ｏｒ発行日当日の消印を、わざわざ郵便局の窓口で押してもらうほど。早く応募すればするほど、雑誌やフリーペーパーのファンであることが伝わりますし、応募ハガキのインパクト（ファーストインプレッション）が強くなるというものです。

さらに、誰よりも早く確実に応募するテクニックは、定期購読！　定期購読者には、発売日前に雑誌が自宅に届けられることが多いので、応募にも余裕が持てますね。

当たるテクニック⑭

選ばれるハガキの傾向と対策を練る

……ここまで読んで、「雑誌やフリーペーパーの懸賞は消しゴムハンコなど、目を引くデコハガキ＋アンケートの内容が決め手なのね！」と決めつけないでくださいね。あくまで、参考としてとらえてください。実は過去に、某ラジオ番組でパーソナリティーが「突然、入院中の患者さんからの応募が増えましたが、何があったのでしょうか？」と困惑する発言がありました。実はその少し前に、私が出版した本の中で「『入院中の病院でハガキを書いています』とコメントした人が当選していました」と、実際の例をご紹介していたので、そのせいかも……と、私も困惑したことがあります(汗)。同じ内容のハガキばかりが届いたら、そのハガキは特別な1枚にはなりません。「ガバちゃんが紹介したテクニックそっくりに応募したのに、当たらない！」ではなく、参考にして、＋αであなた独自のアレンジを加えることが大事なのです。

実績を作る達人たちは「A社はデコハガキでよく当たるけど、B社はデコハガキは全滅。C社は余った年賀はがきでも当たる！」等々、何度もチャレンジして、応募先ごとに選ばれやすいハガキの傾向と対策を練っています。また、キャンペーン担当者が長年同じ人というケースも多く、印象的なデコハガキを出し続けていたら『この人、また応募してきた』と思ってくれるのか、出せば必ず当選するようになった！」と粘り勝ちした達人もいました(笑)。ちなみに、季節はずれの年賀はがきでも当たると

達人
みゆキングさん

オンリーワンのハガキで、ほかの人に差をつける！

言う人が多いのが、男性誌や少年誌、スポーツ新聞で、応募者が男性のケース。逆に、女性週刊誌やファッション誌はあまりものという印象を持たれるのか、当たりにくいと〝噂〟されています。

選ばれやすい応募に関しては、ホームページで応募者のコメントや写真を掲載する企業もありますので、参考にしてみるのもいいかもしれません。また、懸賞が好きな人たちのSNSをチェックするのもおススメです。Amebaブログの懸賞・モニタージャンルの上位にランクインしているブロガーさんのブログをチェックしたり、ツイッター（現X）で、「当選　おめでとう」で検索すると、「〇〇の懸賞はデコで当選した」「同じ住所で2個届いた！」「この懸賞は〇時に当たった」など、親切に発信している人がたくさんいます。実際に当たっているケーマーのテクニックを参考にしつつ、あなただけのオリジナリティーあふれる応募で勝負していただきたいと思います。

当たる
テクニック⑮

「目標ノート」でモチベーションアップ！

みゆキングさんは、当選を記録する懸賞ノートを作っています。毎年お正月に、その年に達成したい目標を3～4個ノートに掲げ、達成したら大きく花丸を描いて目標達成を喜びます。そして、毎年、目標をほぼ達成しているというのですからスバラシイ！　2023年の目標は「ヨギボー」当選、「星野リゾートの宿泊券」か「グランピンク旅行」当選、「10万円以上の当選品」を掲げ、取材時の5月にはすでに、巨大ヨギボー（3万円以上）を2個もゲットしていました。みゆキングさんに「目標ノート」の効用をうかがうと、「目標を設定すると、自然と目標にした賞品の懸賞情報が目につくようになります。また、当選品が届くたびにノートを開くので、目標への意欲が一層強くなります」とも。

Part.5

当たる！
コメントの極意

教えてくれた達人

海月（くらげ）さん

懸賞歴：37年
当選総額：350万円
「ココナラ」で懸賞の
ノウハウを配信中

〝継続は力なり〞 1日15分応募の積み重ねが実を結ぶ

「懸賞は気合いも、根性もいらない。力を入れてがんばり過ぎたら続かないので、気楽にやりましょう！」という海月さん。つい「懸賞で、年に100万円分当選！」などと目標を高く設定しがちですが、海月さんは「毎月3万円の黒字を目標にして、1日15分程度、毎日コツコツ応募し続ければ、〝継続は力なり〞で結果が出ます」と力説します。

懸賞に限らず、どの世界も、実績は続けたことの結果ですよね。

1996年の規制緩和で、オープン懸賞の賞品の上限がそれまで100万円だったのが、一気に1000万円（現在は上限なし）になった時のことを思い出します。マスコミが「懸賞で現金1000万円ゲット!?」「懸賞で一攫千金！」等々こぞって報道したことで一気に懸賞ブームとなり、豪華懸賞も懸賞人口も増えました。当時の懸賞はほぼハガキ応募で、たくさん枚数を書いて応募すれば当たる可能性が広がるとして、1つの懸賞にハガキを100枚単位で書いて当選に結びつけている大量応募で実績を作る達人がたくさんいました。

達人 海月さん　当たる！コメントの極意

当時、「大量応募で、車や海外旅行をバンバン当てた！」という達人を取材したことがあります。一度おいしい思いをすると、人間の欲望は〝もっと、もっと〟とエスカレートします。彼女は、「たくさん応募したいので、ハガキ書きで徹夜してしまう」と言ってましたが、翌々年に届いた年賀状には「体調不良になってしまい、今は懸賞を止めてしまいました」と書かれていました。まじめで努力家の人ほど陥りやすい、〝度を越してしまった〟なのかもしれません。今の時代は、SNSで懸賞に応募する人が増えました。でも、ツイッター（現X）にもインスタグラムにも懸賞があふれていて、全部の懸賞に応募しようとしたら、時間がいくらあっても足りません。自分のライフスタイルに合った無理のない応募スタイルで「1日〇分だけ集中する」のルーティンが長く続けるコツかもしれませんね。

〝続けること〟が苦手な人は多いと思いますが、安心してください。私がこれまでに取材した達人の7割が「何をやっても三日坊主なのに、懸賞だけは10年以上続いている」と口にします。海月さんもその1人であり、続けたことでスキルが身につき、今は個人のスキルを気軽に売り買いできるスキルマーケット「ココナラ」で「毎日15分、誰でもデキる懸賞生活」や「合格者が教えるTV番組（放送）モニターになる方法」

等の当たるマニュアルを販売できるまでになるのですから、〝継続は力なり〟の威力は絶大です。

すでに達人であるにもかかわらず、自分のレベルを計りかねている方も多いもの。デジタル時代の今は、これまで積み重ねて得た知識・体験を副業にできる時代であり、別のステージで懸賞の楽しさを広めることもできます。発信方法はいろいろあるので、このような「プラットホーム」に登録してどんどん情報を発信していくのもいいかもしれませんね。

テレビモニターで稼ぐ

「謝礼が現金のテレビモニターはコンスタントに稼げて、おススメ」という海月さん。比較的時間に余裕がある人や、退職して毎日家でゴロゴロして、家族からも疎まれがちなお父さんにはおススメではないかとも言います。

テレビモニターとは、テレビ局がよりよい番組作りをするために「社外モニター」を定期的にホームページなどで募集するものです。一般的に番組の改変期である4月と10月の前に募集されます。２０２３年の一例をあげると、日本テレビの「前期番組モニター」の募集期間は7月24日～9月10日の約２カ月間。モニター内容は指定された番組を週1～3番組を視聴して、意見・感想をメールで送るものであり、モニター期間は２０２３年11月1日～２０２４年４月30日の６カ月間。応募条件は高校生～60代で関東（1都6県）にお住まいの方。応募方法は、日本テレビで放送している番組を1つ選び、その理由と感想文を２００～４００字以内で書いて送ります。

文章を書くことが好きだという海月さんはテレビモニターの達人でもあり、その実績は目を見張るものがあります。各テレビ局のモニターに採用された合計期間は54カ月。金額にして１００万円相当の収入を得たと言います。モニターの内容や謝礼等はテレビ局によってもさまざまなので、詳しくは各局のホームページを参照してください。「社外モニター募集」は地方局でもあります。地方局は応募者が限定される分、採用率は高くなりますので、地方在住の人は積極的にチャレンジしてみてはいかがでしょうか？

「テレビ局へ意見する！」に、「専門的な意見を求められるのでは？」と腰が引けてしまう人もいると思いますが、テレビ局はイチ視聴者としての素直な意見を求めているので「テレビ好きで、文章を書くことが好きな人にはおススメです」と言いつつ、海月さんならではの「テレビモニターに採用されるコツ」をアドバイスしてくれました。

★応募の際の「理由と感想文」の記述欄は、採用に大きく近づくポイント。できるだけ、ほかの人が書かないような意外性があることを書くこと！　特に自身の体験談を盛り込むと強烈な裏付けになり、採用率は高くなります。文字数制限があり、思いのたけをぶつけるには限界があるため、重なるような言葉をはぶき、推敲を重ねて内容の濃い文章にしてから応募すること。

★各局それぞれ応募条件が異なるため、毎年の募集要項をチェックできるようにファイルし、募集前に資料を確認。「このテレビ局は『応募動機を重視』」など傾向がわかれば、普段の番組の見方が違ってきます。

★いろいろな番組の情報を知るには、書店やコンビニで買える『TVガイド』（東京

ニュース通信社）等のテレビ情報誌がより詳しい資料！

では、海月さんに主催者に選ばれる、ほかの人と差がつく文章・コメントの書き方を教えていただきましょう！

当たるテクニック⑯

一度書いた文章・コメントは〝寝かせる〟

みなさんも経験があると思いますが、大切な宿題やレポート、そしてラブレターなどを真夜中、あるいは徹夜で書いたことはありませんか？　そして翌日読み返して、〝完璧だった文章やコメント〟がとてもひどいものだった……というのはよくあることです。なので、書いたコメントやアイデアはすぐに提出せず、一度〝寝かせて（時間をおいて）〟から再度、練り上げる作業が大切です。

私も高額賞品の懸賞に応募する時はパソコンで何度もコメントを練り直してから、

ハガキや記述欄に書いています。このように〝1件入魂〟でコメントした懸賞は当選確率が高く、1名当選の海外旅行や貴金属類等々を当ててきました。「これは！」と思う懸賞には、それくらいの時間をかける価値はあると思います。

当たるテクニック⑰

文章力アップ術を駆使して、ほかの人に差をつける！

話や文章をわかりやすく伝えるためのテクニックでよく知られているのが「起承転結」です。ただ、これは小説ではわかりやすい書き方になりますが、内容が重複したり、不必要に長かったりしてムダが多くなりがちです。モニターや投稿、そして懸賞のコメントには「起承転結」ではなく、結論を先に書くことで、インパクトがあり、相手の興味・関心を引き、よりわかりやすい文章になる「結起承転」で書くことをおススメします。

△「起承転結」
起：プレゼント企画に、わが家はもう大興奮!!
承：シャインマスカットは果物の中でも一番好き！
転：南国を想像させる美しいエメラルドグリーンを口に含めば、まさに口福♡
結：待ち遠しい！　こんなに待ち遠しいのは、旦那のプロポーズ以来（笑）♪

◎「結起承転」
結：待ち遠しい！　こんなに待ち遠しいのは旦那のプロポーズ以来（笑）♪
起：プレゼント企画に、わが家はもう大興奮!!
承：シャインマスカットは果物の中でも一番好き！
転：南国を想像させる美しいエメラルドグリーンを口に含めば、まさに口福♡

さらに、「結起床転」と反対に、強調したい言葉をあとで言うパターンで効果的なのが、「イエス・バット」法です。相手の意見を「イエス」と肯定したあと、「バット（でも……）」で自分の意見を通す話法です。そしてネガティブワードをポジティブに言い替える「リフレーミング」などを活用することで、より魅力的な文章になると熱弁します。この「主催者に刺さる、文章・コメントのテクニック」を意識しながら続けていけば、より採用、当選率が高くなっていくというサイクルになるという海月さん。長いテレビモニターの採用経験が、それを実証しています。

「イエス・バット」の例

×「おいしいけど、高いよ」◎「高いけど、おいしいよ」

×「行く価値はあるよ、遠いけど」◎「遠いけど、行く価値はあるよ」

「リフレーミング」の例

気が弱い⇕慎重、用心深い

あきらめが悪い⇕一途な、粘り強い

おせっかい⇕気が利く、親切、やさしい

当たるテクニック⑱

ポイントを貯めて応募する、新聞社の懸賞をねらえ！

テレビモニターだけでなく、フォトコンテストや公募なども大得意な海月さんですが、ネット懸賞でも実績を挙げています。キャッシュレス化と共に、急速に増えたSNSを含むネット懸賞。特にワンタップで簡単に応募できるSNS懸賞で当選数が少なければ、より難関になることは誰でもわかります。そんな中でも「新聞社がサイトで実施している懸賞はよく当たる」と言います。

各新聞社のサイトに登録すると、メールマガジンがひんぱんに届きます。すぐに応募できるプレゼントもありますが、アンケートに回答するとポイントが貯まるなど、時間がかかる少しわずらわしいものもあります。このわずらわしさこそ、忙しい現代人が敬遠しがちで、それが当たりやすさにつながります。貯めたポイントで応募する懸賞で、季節の果物や飲料、アマゾンギフト券、最近ではミュージカルのS席ペアチケットなど、ひんぱんに当選している海月さんは「新聞の懸賞なので、50代の男性というプロフィールが当たりやすいのでは？」と分析します。もちろん、一理あるかもしれませんが、こういった懸賞は「貯めたポイントで応募する」という条件、そして応募に必要なポイント数が多いほど応募者が減り、より当選する確率が高くなる懸賞です。

新聞社系のサイト

読売新聞「よみぽランド」
https://yomipo.yomiuri.co.jp/
朝日新聞「朝日マリオン．コム」
https://www.asahi-mullion.com/
毎日新聞「トクトクプレミア」
https://mainichi.jp/premier/tokutoku/
日本経済新聞「日経ＲＥＶＩＶＥ」
https://nikkei-revive.com/
産経新聞系「くらするーむ」
https://monitor.sankei-rd.co.jp/
日本経済新聞系「日経リサーチ・アクセスパネル」
https://monitor.nikkei-r.co.jp/

各地方新聞のサイトにも、プレゼント情報はあります。その多くは、会員限定で、ネット応募のみのものが多く、ハガキ応募の懸賞は少ないです。

Part.6

レシートのWeb応募必当法

教えてくれた達人

キャサリンさん

懸賞歴：35年
当選総額：2500万円

懸賞歴35年!! 懸賞界の変化に対応するデジタル懸賞の達人

コミュニケーションアプリ「LINE」がサービスを開始したのは、2011年6月です。そして、2013年9月に、2020年のオリンピック・パラリンピックの開催地が「TOKYO」に決定したことで「スマホでキャッシュレス支払い」が推進され、QRコード決済の支払いが普及しました。それに呼応するように懸賞応募もQRコードから懸賞ページに進んで応募するスタイルが増えていきました。

それ以前は、対象商品を購入して応募するクローズド懸賞は、指定されたバーコードやマーク、あるいは応募券などをハガキに貼って応募するスタイル。そのあと、購入レシートをハガキに貼って応募する懸賞が急増しましたが、あっという間にレシートの写真を主催者のLINEに送ったり、キャンペーンサイトにアップロードしたりするデジタル懸賞が普及しました。

懸賞歴35年のキャサリンさんも、デジタル懸賞に便利さを感じ、ハガキとデジタル両方から応募できる懸賞は、すべてデジタルから応募すると言います。「ハガキ懸賞は、ハガキや切手を購入↓必要事項を書く↓投函と、手間も時間もかかります。逆にデジタル懸賞は、必要事項を当選後に入力することが多いため、応募に時間もかからず手軽。また、ＬＩＮＥ懸賞の場合、主催者のアカウントを友だち登録することで、クーポンやお得情報なども入ってきます」とのこと。今や、「1日100件以上届くＬＩＮＥの通知は、ほぼ企業アカウント！」と笑うキャサリンさんに、デジタル懸賞のテクニックをおうかがいしました。

当たるテクニック⑲

レシートに影を入れないように、自然光で撮影

撮影したレシート写真を主催者のＬＩＮＥに送ったり、キャンペーンサイトにアップロードして応募するデジタル懸賞。「レシートに影が入ってしまう……」

という撮影時のお悩みは多く、ケーマーは苦心しています。この「影が入る」問題に、「部屋の電気がついた状態でレシートの真上から撮影すると影が入りやすいので「午前中の明るい時間帯に、自然光で撮影する」ことを意識していると言います。ちなみに私は、真っ黒な台紙の卓上カレンダーに、レシートを立てかけるようにマステで仮貼りして、撮影しています。この方法だと、夜の撮影でも影が入らずキレイに撮れますよ。

なお、レシートの撮影時には、背景に注意が必要です。注意事項を読むと、懸賞によっては、背景は「暗めの色で」「なるべく白い背景で」「文字や模様がないもの」「木目調は避けて」等々、指示がある場合があります。これらは、ＡＩが誤作動しないための注意事項なので、それに従ったほうが良いかと思います。

当たるテクニック⑳

１枚のレシートで数社の懸賞に応募する場合は、アプリの編集機能を活用

達人
キャサリンさん

レシートのWeb応募必当法

デジタル懸賞の場合、一度の買い物で作った1枚のレシートが対象商品や設定金額をクリアしていれば、数社・数種類の懸賞に応募できるメリットがあります。

レシートはそのまま撮影して送信すればOKのことが多いですが、ときどき対象商品に「アンダーラインを引いて」「印をつけて」などと指定されるケースもあります。その場合、1枚のレシートに、どのようにアンダーラインや印をつけたらよいのでしょうか？

某達人は、1枚のレシートで3つの懸賞に応募する場合、「写真アプリの『編集機能』を使い、懸賞ごとに指定された印をつけます」と言います。また、「透明のOPP袋にレシートを入れ、OPP袋の上から対象商品にマジックでアンダーラインを引いたり、印をつけて撮影する、を繰り返す」と教えてくれた達人もいます。

平成の時代、レシートをハガキに貼って応募する懸賞に応募したい時は、レジで「別々に精算してください」とお願いして、複数枚のレシートを作ってもらったというケーマーは多いのではないでしょうか？　デジタル懸賞の増加で「別々に精算してください」の依頼も激減したと思われます。また、急増しているセルフレジを導入しているスーパーでは、自分でレシートを分けて精算することができます。ケーマーにとっては、うれしい時代になりましたね。

当たる
テクニック㉑

当選通知を受け取ったら即返信！

デジタル懸賞、特にLINE応募した懸賞に当選した時は、当選通知が届いたあと、必要事項を入力して返信しなければならないことが多く、有効期限内に返信を忘れると当選が無効になってしまいます。絶え間ない受信にわずらわしさを感じ、「通知オフ」にしている人も多いかと思いますが、インスタグラムやツイッター（現X）などのSNS懸賞も同様で、「ダイレクトメッセージ」はこまめなチェックが必要です。
また、メールで当選の連絡が届くこともあるので、「当選」「おめでとう」「当選通知」「当選の連絡」などのワードで、定期的に受信フォルダ内を検索することもお忘れなく。

Part.7

SNS懸賞の当てコツ

教えてくれた達人

Maiさん

懸賞歴：4年

当選総額：約200万円

ツイッター（現X）・インスタグラムなどのSNS懸賞は増加の一途

これまで、懸賞ライターとしてたくさんの達人を取材してきましたが、当選総額がトータル100万円以上の実績を挙げる達人さんはハガキ応募を得意とする人ばかりでした。それが、数年前から、SNS（X・インスタグラムなど）の懸賞で実績を挙げる懸賞達人さんも増え始めてきました。SNS懸賞は、2019年10月1日の消費税率引き上げにともないスタートした「キャッシュレス・消費者還元事業」に呼応するかのように爆発的に増え、今なお増加の一途をたどっています。

懸賞を主催する企業も、SNSを利用した販売戦略をメインに考えざるをえない時代です。そのため、主催者にとって、キャンペーン情報をより多くの人へ、そしてより早く認知してもらう手段として、拡散力を持つ、いわゆるインフルエンサーは重要な存在になってきます。SNS懸賞で実績を挙げるケーマーも、本当に努力しています。

★懸賞アカウントのリツイート・リポストは当たりにくい

ツイッター（現X）やインスタグラムで主催者をフォローした上、「指定のツイートをリツイート」「投稿をリポスト（情報をシェア）」で応募完了という条件であっても、懸賞応募だけが目的のいわゆる〝懸賞アカウント〟を敬遠する主催者も存在するため、当たりにくい。そのため、日常の投稿もちょいちょいはさみます。

★フォロワー数は多ければ多いほどよし！

「主催者は、より多くの人にキャンペーンを認知してほしいはず。だからフォロワー数が多い人ほど当たりやすい！」というSNS上の噂は、一切関係なかったり、本当だったりが、ないまぜとなっています。主催者は「フォロワー数が多い人、大歓迎です！」とは言いませんが、SNS懸賞に強い達人さんたちを取材すると、フォロワー数5000人以上が当たりやすくなるラインというのが現場の声です。そのため、フォロワー数を増やすために、自分のSNSをフォローしてくれた人にフォローを返すのはもちろんのこと、定期的に「#懸賞　#ケーマー　#懸賞ファン　#懸賞好きさんとつながりたい」といったワードで検索して、ケーマーを積極的にフォローし、フォロワー数を増やす努力をしています。また、更新が多いほどアクセス数が増えるため、1日1回の更新をマストとしている人も多いです。

★インスタグラム懸賞は締切ギリギリの投稿が有利

写真を投稿して応募するインスタグラム懸賞の場合、「ハッシュタグ検索画面から〝最新の投稿〟で検索した時、直近に投稿されたものから順に表示されるため、主催者の目に留まりやすい。結果、締切ギリギリに投稿したほうが、主催者に印象が残りやすく、当たりやすい！」と言われます。そのせいか、昨今は、締切当日が応募ラッシュとなる傾向にあるため、「締切数日前の応募のほうが、ほかの投稿にまぎれなくて良い」とする人もいます。そして投稿する写真は、人物であっても物であっても、よりキレイに撮ることを意識しています。料理の写真であれば食器やランチョンマット、箸置きなどにもこだわり、観葉植物などのオブジェを添えて〝映え〟を意識しながら撮影するといいでしょう。

★当選報告はマスト！

応募条件に「要：当選報告」の懸賞が多いため、ケーマーのインスタグラムの多くは当選賞品の写真がずらりと並んでいます。

以上は、SNS懸賞の達人が実際に実践しているテクニックの数々です。ただ、デジタルの進歩やそれを取り巻く変化はすさまじく、人と同じでは、だんだんと埋もれてしまいます。シンプルにケーマーの目的である「当てること」を考えるならば、キャンペーン主催者に意識を向けることではないでしょうか？　そこで、なるほどと思った、インスタグラム懸賞の達人Maiさんの当てるコツ=当てコツをご紹介したいと思います。

当たる
テクニック㉒

主催者にケーマーだと思わせない！

インスタグラムには料理写真を中心に、一眼レフでこだわりを持って撮影した写真を投稿しているＭａｉさん。一見、「この人は、グルメ系インフルエンサー？」と思わせるほど、美しい料理写真が並びます。「実は、それがねらいなんです」と、ほほえむＭａｉさん。

美しい料理写真ばかりを投稿することで、Ｍａｉさんのアカウントを訪れた人が、ひと目で「Ｍａｉさんは料理や食べることが好きな女性なんだな♪」と伝わるような見せ方をしています。

インスタグラム懸賞に応募する時は、「企画をしてくださってありがとうございます」の感謝の言葉から始まり、賞品や主催者の商品のどこが魅力で、どんなところに興味があるかなどのメッセージを添えて、かなりの長文で主催者のアカウントにコメントを残します。そんなＭａｉさんのコメントに興味を持った主催者がアカウントを訪れた時に、「この人にわが社の商品を試してもらって、ＳＮＳでぜひとも紹介してほしい！」と思わせる仕掛けです。主催者にとっては、美しい写真で自社商品をより魅力的に紹介してくれるインスタグラマーは大歓迎でしょう。これがＭａｉさんのいう「それがねらいなんです！」の発言の意図になります。

当たる
テクニック㉓

当選品だとわかる写真は、最後に紹介

当選通知と届いた賞品の写真を撮ってSNSに投稿するケーマーは多いですが、食品の懸賞をメインに応募するMaiさんのインスタグラムは、美しい料理の写真ばかりが並んでいます。でも、投稿を良く見てみると、「#pr」のハッシュタグなどから、当選品やアンバサダーとしての活動・投稿であることがわかります。

これも、Maiさんの当たるテクニックの1つ。明らかに当選品だとわかる写真はフィードの最初に来ないように複数枚の最後に並べるのが、Maiさん流。湯気の立つおいしそうなパスタの写真の次は、ソースがからまるパスタがくるっと巻かれたフォークのアップ、その次は粉チーズでおいしさ増しましのパスタのアップ等々、目にも楽しい写真が続き、茹でる前のパスタ、レトルトのパスタソースの開封、最後に「食べたのはコレ！」と当選品が紹介されています。ドラマ仕立ての〝インスタ劇場〟といった感じですね。

ツイッター（現X）やインスタグラムなどのSNS懸賞は、〝懸賞アカウント〟を敬遠する主催者が残念ながら存在します。でも、美しい料理写真ばかりが並ぶ「ケーマーだと思わせないアカウント」は、そのような〝懸賞アカウント〟を敬遠する主催者も好意的に受け止めるのではないでしょうか。

当たるテクニック㉔

当選報告はていねいに！

「私のインスタグラムは当選報告の場であると同時に、ほかの主催者へのアピールの場でもあるんです」とも言うMaiさん。主催者に残すコメントには「一眼レフカメラでたくさん写真を撮って、タグをつけて、必ず当選報告します」というひと言を必ず入れます。

当選報告の投稿を確認した主催者から、「キレイに撮ってくださってありがとうございます」というお礼のメッセージをよくいただくそう。「一眼レフでの料理撮影は自然光で日中に撮るようにしているので、天気や幼い娘の気分によっては撮影できないことも」と笑うＭａｉさん。でも、美しい料理写真を撮影することにこだわり続けた結果が、いまや1カ月に50個以上の当選品が届くという実績につながり、また自信になっています。

当選実績を作る達人の多くが「私には〝こんな強み〟があります！」と言える当てテクを駆使し、そして継続することでその自信を獲得しています。それは、Ｍａｉさんのように一眼レフで撮影することだったり、デコハガキ、コメント、スタンプ作りと言った技術的なことばかりでなく、すぐに対応できる時間があったり、俊敏性だったり、コミュニケーション能力だったりといろいろあります。ぜひ、みなさんも自信を持って言える〝私にはこれがある〟を見つけて、前面に押し出していただきたいと思います。自信があるものが1つあるだけで、日常の景色が違ってくると思います。

せっかくなら、人生を楽しくしちゃいましょう！

最後にＭａｉさんが、アカウントをより魅力的にするために意識し、実践していることをご紹介しましょう。

★コンスタントに更新

毎日、ときには1日に2～3回投稿することも。更新回数が多いほど、アクセス数も増えます。

★たくさん撮影した中から、納得のいく写真を厳選

インスタグラムに投稿できるのは、1投稿に10枚まで。一眼レフだからこそ撮れる、湯気まで見える出来立ての料理を、角度を替えて撮影したり、お米一粒一粒のアップや氷結したアイスクリームの容器を接写する等々、1投稿につき、50枚以上撮影した中から、納得のいく写真を選びます。最近のスマホはカメラの性能もアップしていますが、撮影後の写真を見比べると、一眼レフのレベルの高さは一目瞭然で、「やっぱり一眼レフで撮らなきゃダメ！」と断言するＭａｉさんです。

★〝映え〟を意識して撮影

料理の魅力をよりアップさせるのに欠かせないのが、食器や箸置き、ランチョンマットなどの脇役アイテム。料理に合わせて選ぶ食器を各種そろえていますが、最近

のおススメは雰囲気が出る和食器。見切れるように置く観葉植物や、料理に添えるハーブ類も、映え写真に欠かせないアイテムです。

愛用している一眼レフカメラは、ご主人からのプレゼント。ご主人もカメラが大好きで、風景などをよく撮っているそう

ガバの最新
当たるテクニック6選

懸賞歴35年。この間、自分自身でもいろいろ
創意工夫しながら応募してきましたが、
最近の私の当たるテクニックも
ご紹介しましょう！

当たるテクニック㉕

懸賞にリンクしたデザインの切手を選ぶ

まず最初にご紹介するのが、ハガキ応募限定にはなりますが、こちらのテクニック。もちろん、ただのラッキーだったのかもしれませんが、すべてハガキ1枚応募で当選していますので、個人的には主催者が「私の気持ちを受け取ってくださったんだ！」と思っています。「はじめに」で書いたアイスクリームの懸賞も、アイスが好きなことをアピールするためにソフトクリームの切手を貼って当選しました。

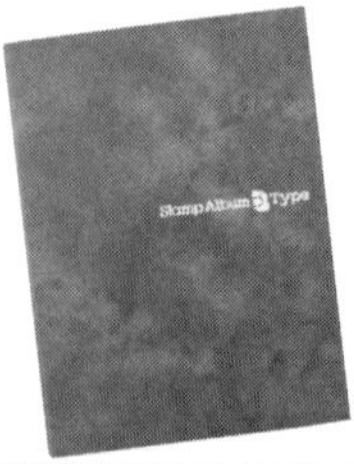

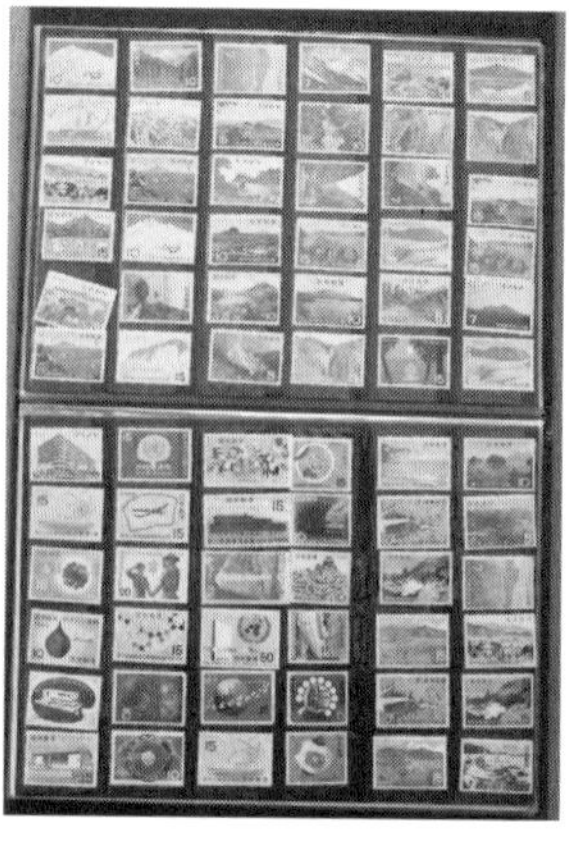

何を隠そう、私は小学生～中学生まで「切手コレクター」でした。自宅には当時、集めに集めた切手のアルバムが何冊もあります。昔の切手はめずらしい柄のものが多く、それらも含めて、懸賞に使用しているというわけです。実際に当選した賞品と切手をご紹介しますね。

★「レザーブーツ」（1万6500円・税込）新聞懸賞

この懸賞に応募したのは冬だったので、切手は「雪だるま」をセレクト。浮世絵師・川瀬巴水（かわせはすい）が描いた雪の白×増上寺の朱色の門のコントラストがあざやかな絵ハガキに貼って応募しました。

私は、季節ごとに販売される郵便局の絵はがきや、美術展のミュージアムショップで買った絵はがきも、懸賞応募に使用しています。

★「ＦＩＦＡワールドカップ　カタール２０２２　公式試合球レプリカ」タイアップ懸賞

２０１４年に開催されたＦＩＦＡワールドカップ・ブラジル大会の記念切手を専用応募ハガキに貼って応募。黒をバッグに金色のトロフィーが神々しく輝くデザインは、とにかく映えるので、当時、大量購入しました。サッカー関連の懸賞ばかりでなく、「トップ」を象徴する意味でも使える切手だと思います。当時の封書用の切手なので額面は1枚82円。現在のハガキの送料は「63円」なので、この切手をハガキ応募に使うと19円の損……。でも、＋αで「当たる切手」と思えば、経費度外視の大盤振る舞いです(笑)。

★「JTBギフト券　1万円分（5000円分×2枚）」タイアップ懸賞

新幹線の切手を専用応募ハガキにペタリ。「3年ぶりに帰省したいです！」というコメントを添えました。鉄道・電車・新幹線・飛行機・車など、移動手段となるデザインの切手はさまざまありますので、旅行や宿泊券プレゼントの懸賞に利用できるかと思います。車のデザインの切手を貼って「車でうかがいます！」など、目的地への移動手段を印象付けてもOK！

ただ、いくらステキな切手でも、主催者はいちいち切手を確認していないはずです。そのため私は、この懸賞のために選んだ切手を見てもらうために、切手の近くに矢印「↑」を書き、ひと言メッセージを添えるようにし

ています。そうすれば、担当者は「あれ？　何か書いてある！」と気づき、切手も目に入るはず！　ただし、全国展開で、しかもキャンペーン期間が長い懸賞の場合、その応募数の多さゆえにハガキを1枚1枚選んでいる余裕はないので、この誘導作戦は効果が薄いと考えます。

いかがでしょうか？　ほかにも懸賞にリンクした切手でいろいろ当選しましたが、ご紹介した切手でなければ当たらないというのではなく、「このデザインなら、○○のプレゼントに使えるかも」など、こじつけでよいのです。当たるテクニックは確固たる答えなどなく、流動的でつねに柔軟性があってよいと思っています。基本的に私はサービス精神旺盛なほうなので、ハガキを見てくださるであろう主催者に「楽しんでほしい」と＋αしたくなります。「なんとあざとい！」とお叱り受けることもありますが、まあ、そういうキャラクターだと思っていただければ幸いです。だって、女優の田中みな実さんもおっしゃっているじゃないですか。「あざとくて何が悪いの？」って（笑）。

懸賞に使えそうな切手は、郵便局のネットショップ（https://www.shop.post.japanpost.jp/shop/pages/

kitte（hagakistore.aspx）でも購入できますが、送料がかかります。ただし、一定額以上の購入で送料無料になります。また、デザインより安さ重視あれば、金券ショップや、達人・ちーさんが教えてくれたお得な購入方法もありますので、ぜひ参考にしてくださいね（15ページ）。

当たるテクニック㉖

出版不況の今、雑誌懸賞はねらい目!!

「ガバちゃんは懸賞のプロだから当てて当然！」と言われますが、とんでもないですよ（汗）。限りある時間の中で、1つ1つ懸賞を見極めながら、この懸賞はこのテクニックかな……などと、試行錯誤しながら、時には1枚のハガキに1時間かけたこともあります。そして時代の移り変わりも重要です。ブームに乗るのもありですが、その逆は、ライバルが少なくなるという発想もあります。特に今は、雑誌や書籍など紙媒体の業界が苦戦を強いられ「えっ!? あの有名な！」という雑誌が休刊するニュースが飛び込んでくる時代です。

以前、「読者プレゼントに『とじ込みハガキかQRコード』どちらからでも応募できる」雑誌の取材を受けたことがあります。その時にうかがった「とじ込みハガキのレスポンス率は約2％」にびっくりしたことがあります。当然ですが、とじ込みハガキからも当選者は抽選されますので、QRコード応募より、断然、当選確率は高くなりますよね。

また、特におススメなのが「雑誌の定期購読」です。年間の一括払いはなかなかの金額になりますが、ときには特典として予期せぬプレゼントが本誌とセットで届いたり、「定期購読者」だけが応募できる懸賞も増えています。

懇意にしている達人が当選した「今をときめく料理研究家が自宅でお料理してくれる権利」は「定期購読者限定」の懸賞でした。達人の都内の自宅に私もお招きいただいたので、当日豪華プレゼントの応募数を担当者にうかがうと「全国から約50通もありました」ですって！　50通〝も〟なんて……一般的には多い数字かもしれませんが、ケーマーなら「応募すればよかった～」と地団駄を踏むような超穴場の懸賞ですよね！

私が考える、応募が抑えられた理由は3つ。①定期購読者限定プレゼント　②有名な料理研究家とはいえ、自宅のキッチンに入ることに抵抗がある人も多いかも？　③料理研究家の方は、首都圏在住で未就学のお子さんのママ。そんな彼女に1日仕事になるような、遠方に行かせるでしょうか？　つまり、関東圏、さらには都内在住の応募者が、当選候補として最有力だったと考えられます。

当たるテクニック㉗

「雑誌読み放題」のサブスクで読者プレゼントに応募♪

さきほどの当てるテクニックとは真逆にはなりますが、令和の時代、「サブスクリプション」、略して「サブスク」の「雑誌読み放題」を利用して懸賞に応募する達人もいます。サブスクは従来の「商品を買う」ではなく「利用料を払う」スタイルで、幅広いジャンルの雑誌が読み放題でしかも、月額500円前後で利用できる大変お得なサービスです。

「雑誌読み放題」のサブスクはいろいろありますが、達人の利用率が高いのが「dマガジン」と「楽天マガジン」。「dマガジン」は、週刊誌・ファッション誌・ライフスタイル・料理・美容・旅行など、幅広いジャンルの雑誌・ムック本が常時2000冊以上あり、最新号はほぼ発売日に読める上に、バックナンバーも読むことができます。ただ、懸賞に応募する目的のケーマーが2000冊以上もの雑誌からプレゼント情報を見つけるのは、至難の業ですよね。ですが、今の時代はホントすごいですよ。「雑誌読み放題」のサブスクには記事単位の検索機能が搭載され、各雑誌を横断的に検索してくれます。さしずめ、懸賞ファンの検索ワードは「読者プレゼント」「プレゼント」「豪華賞品」「当選」「当たる」「創刊号」「クリスマスプレゼント」。あるいは「星野リゾート宿泊券」「最新美容家電　プレゼント」「ダイソン掃除機　プレゼント」と、より具体的に検索するのも、ありかもしれませんね（ただし、雑誌によってはプレゼントページが除かれている場合もあります）。

昨今は、雑誌懸賞でもQRコードで応募する懸賞が主流になりつつありますが、雑誌本体に印刷された応募券が必要だったり、とじ込みハガキで応募する懸賞もあります。そういった応募条件の懸賞はより当選率が高くなりますので、まずは「雑誌読み放題」のサブスクで懸賞をチェックしてから、雑誌を購入し応募するのはどうでしょうか。
逆に、サブスクの利用で注意しなければならないのが、一般的に最初の1カ月はサービス期間で無料でも、解約するのを忘れてしまうと、自動更新によって月額料金を払い続けてしまうケースもあるということ。解約は自分でする必要がありますのでご注意下さい。

当たるテクニック㉘

主催企業のホームページはコメントの宝庫

これまで、500人以上の懸賞達人を取材してきた私ですが、昨今は「デコもコメントも書かなくても当たりました！」という人が増えました。先にもお伝えしましたが、ブームになれば、達人たちの「当てテク」が広がり、みんなが真似をする。同じことをしても当たらない人が出てくるので、必要事項だけ書いて応募したら当たった……が繰り返されるのです。「コメントを書かないと当たらない」とは言いませんが「この懸賞はコメントが当選への鍵になる」と思われる懸賞は、懸賞歴が長い人ほどわかるものです。懸賞人口が増加した近年は、誰もが思いつく、月並みなコメントでは当たりにくくなりました。コメントが苦手、まったく思い浮かばない人こそ、各主催者のホームページやSNSをチェックしてヒントを見つけてください。たとえば、会社設立が9年目であれば「来年10周年ですね。おめでとうございます！」とお祝いの先取りコメントを。「貴社のCMで見た、同年代の○○さんのダンスに勇気をいただきました！」「鮮度が命で、貴店でしか食べられない○○。食べたい！」「料理長の○○さん、私、タイプです♥」等々、ホームページやSNSをチェックしたことがわかるひと手間と時間は「貴社に興味があります」という応援メッセージにもなります。

当たるテクニック㉙

コメントは人口知能におまかせ!?

当たるテクニック㉚

連想ゲームで言葉をつなげてコメントを作る！

今話題の、対話型生成AIチャットGDP。業務の効率が上がり生産性が高まり、これからますます便利になっていくAI（人工知能）革命には目を見張るものがあります。そして、コメントが苦手という人にとっても頼もしい存在になることは間違いありません。

ケーマーの利用法としては、「〇〇の商品の特徴を100字以内で教えて」と文字数を制限して聞けば、膨大な量の情報をセーブし、短くてキレのあるコメントを導き出すことができます。ただし、AIに詳しい有識者が必ず「〝道具〟として使ってください」とおススメしている通り、コピペはNG。出てきた情報から、あなたが使えると思った言葉をヒントにコメントをまとめてみてください。

人口知能に対してアナログな手法で、連想ゲームのように、言葉を類推（るいすい）してコメントを作っていく方法があります。俳句のように、テーマが「秋」であれば、秋を中心にして「紅葉」「食欲」「旅行」「名月」「すすき」等々、思い浮かぶ単語を上げて、さらにその単語から連想するものを書き出していく作業です。懸賞に応募するコメントも同様に、主催者の商品（賞品）やサービスから連想する単語を上げて、つなぎ合わせるという方法も有効でしょう。A旅館の宿泊券プレゼントであれば「宿泊券」を中心に、「旅行」「想い出作り」「癒し」「非日常」「料理」「お風呂」に、A旅館のホームページの情報からいろいろ連想してコメントを作っていく作業です。

俳句作りも懸賞のコメントも自分の経験や想像力を総動員する作業でもあります。そう考えると、アナログのほうが生身の人間の脳を活性化させ、若々しい脳細胞を維持する訓練にもなることは間違いありません。ＡＩは効率よく時短できますが、ＡＩばかりに頼らず、ときには自分の想像力を働かすことも大切ではないかと、ＡＩ革命を前に思う私です。

独占取材 Part1

ゲーマー利用率100%!?

大人気懸賞サイト「とらためぬ®情報」運営者の素顔にせまる！

懸賞情報が大充実!!　老舗懸賞サイト「とらたぬ®情報」

私が達人に取材する時は「懸賞情報はどこで入手していますか?」と必ず質問します。すると、「とらたぬ®情報!」という回答がなんと多いことか! ハガキ応募のクローズド懸賞の達人に限っていえば、ほぼ100%、利用しているのではないでしょうか。ガバも、「とらたぬ®情報」をよく利用しています。

達人は「とらたぬ®情報!」と口にしますが、実は「とらたぬ®情報」はお得情報満載のサイト「めちゃ得®ページ」のカテゴリーの1つ。サイト「めちゃ得®ページ」は懸賞情報が満載の「とらたぬ®情報」のほか、モニターやアンケートを募集する「めちゃ得®情報!」、コンテスト・コンクール・アイデア募集など、自分の努力と才能でチャレンジする「チャレ得情報」、ご自慢の当選品や懸賞のオリジナル賞品の写真を誰でも発表できる「めちゃコレ!」の4つのカテゴリーで構成されています。

今回、ケーマーの多くが利用し、そして関心を持つ、サイト「めちゃ得®ページ」を運営するエルシーカンパニー代表・山田英子さんにお話をうかがうことができまし

独占取材
Part1

ゲーマー利用率100%!?
大人気懸賞サイト「とらたぬ®情報」
運営者の素顔にせまる！

た。
サイト「めちゃ得®ページ」の閲覧には一切費用はかからず、モニターに参加したりアンケートに回答したりすると、謝礼がもらえるシステム。会員は「めちゃ得®貯金箱」にポイントを貯めると、登録口座に謝礼が振り込まれるというお小遣い稼ぎできるプラットホームでもあります。まさに、訪れるだけで〝めっちゃ得する〟サイト♪

また、懸賞情報が満載の「とらたぬ®情報」は、現在懸賞を実施している企業やスーパー等が「あいうえお順」に並び、全国懸賞からローカル懸賞まで網羅しているので大変便利!!

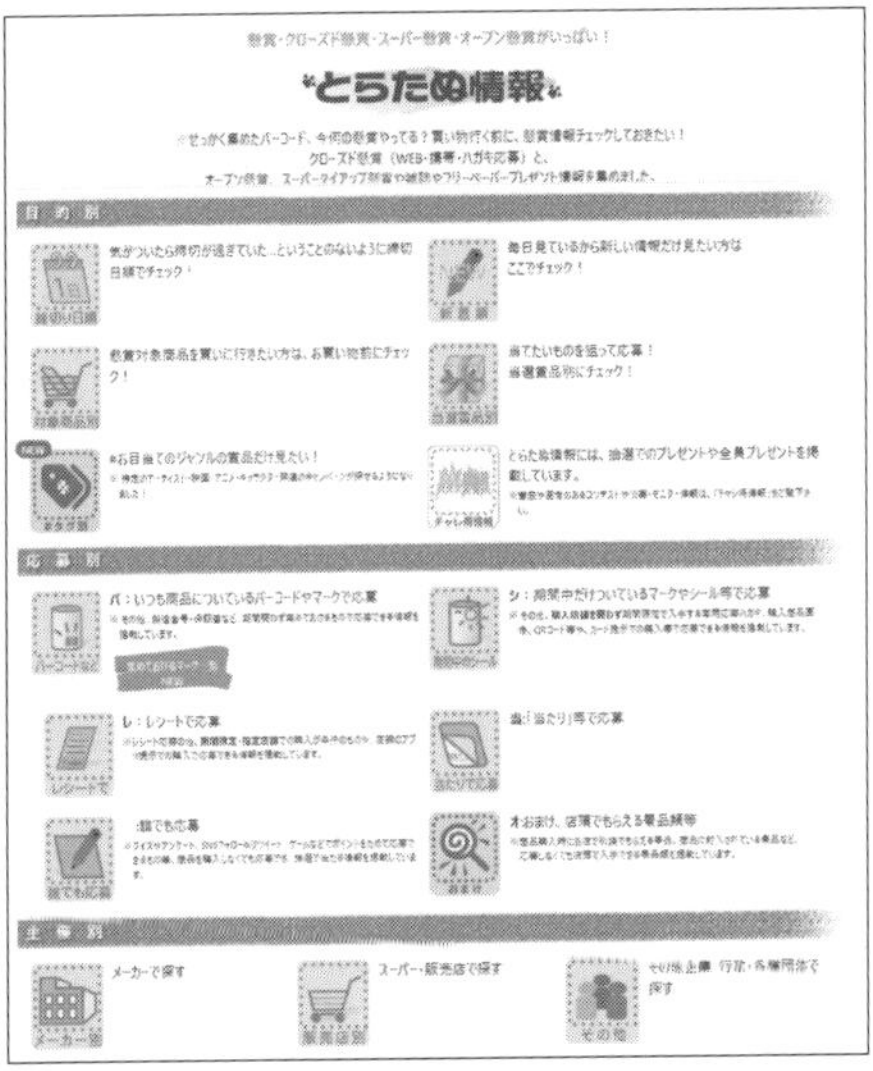

懸賞・モニター・公募・おまけ、楽しくて得するプレゼント情報が満載！！
サイト「めちゃ得®ページ」
https://www.mechatoku.com/

メインはモニターやアンケートの調査業務

山田さんが代表をつとめるエルシーカンパニーのメインとなる業務は、サイト「めちゃ得ページ」内のモニターやアンケートを募集する「めちゃ得®情報!」。新商品や商品の品質やサービスなどについて、消費者の意見を吸い上げ、企業に情報を提供したり、企画を提案したりするなど、消費者と企業の橋渡しをする調査業務（リサーチ）を行っています。さまざまなテーマに沿ったモニターやアンケート、グループインタビュー、ときにはテレビ番組の制作に協力したり、商品を試して消費者の意見をまとめたり、その業務は多岐にわたります。

エルシーカンパニーがスタートしたのは、1996年のこと。その4年前の1992年から趣味で懸賞サークル「TOK・TALK（トック・トーク）」を主宰していた山田さん。最盛期には会員数が1000人を数えるほどの大人気サークルで、会員にはご自身や有志の会員が集めた懸賞情報をまとめた会報を作って郵送。会員のみなさんに懸賞を楽しんでもらうことが、山田さんの喜びでした。会報はすべて会員さんたちが手書きで制作、「ほとんどボランティア同然だった」と聞いて驚きました。

当時は山田さんのお子さんも幼く、懸賞サークルと並行して「内職でもやろうかな」と思っていた頃に世間で「モニター」が流行。「企画するほうがおもしろいかも？」と自ら広告代理店に「主婦の意見を聞いてください！」とアイデアを持ち込んで営業したところ、当時は「主婦マーケティング」がめずらしかったこともあり、アンケート調査の仕事をまかされるようになりました。これがエルシーカンパニーのきっかけとなり、１９９８年にサイト「めちゃ得®ページ」がオープンし、Ｗｅｂアンケートやリサーチ、マーケティングなど業務を拡大していきました。

運営者の素顔は……大ベテランケーマーだった!!

現在はサイト「めちゃ得®ページ」内のモニターやアンケートを募集する「めちゃ得®情報！」を主軸としている山田さんですが、先にも書いたとおり、そのきっかけとなったのは１９９２年から趣味で始めた懸賞サークル「ＴＯＫ・ＴＡＬＫ（トック・トーク）」。実は山田さんは、懸賞歴50年の大ベテランケーマーなのです!!

サイト「めちゃ得®ページ」の会員サービスのために、懸賞情報を集めた「とらたぬ®情報」を公開するようになったのは2008年のこと。

「サイトを訪れてくださる懸賞が大好きなみなさんと一緒に楽しみたいと思う気持ちはもちろんですが、情報を集め、紹介することで自分も応募できますし、より見やすく、簡単に応募できるように作っていくことも楽しく、ただただ、自分が好きだからやっているだけなんです！」と、サービス精神が先に立つ山田さん。それが、現在の会員登録者数、老若男女約10万人以上を誇るサイトにまで成長する結果になりました。どうぞこれからもお身体に気をつけて、懸賞&モニターファンにお力添えをくださいませ。

「応募のための買い物はしない」&「レシートはすべてストック」

最後に、懸賞歴50年の山田さんの懸賞生活にも触れてみたいと思います。人生初の当選は、少女マンガ誌『週刊マーガレット』の懸賞で当選したオリジナルTシャツ。幼い頃に体験した初当選の感激で、今でも「キャンペーンの景品として作られたオリジナルグッズや、非売品のアイテムが当たる懸賞に目がない」と言います。

日清食品の懸賞に多い阪神タイガースの応援グッズは数えきれないほど当たり、永谷園の懸賞はこの10年間、「パンダリュック」だけは逃したものの、それ以外はすべて当選しているというのですからお見事！　そのため、日頃からバーコードやマークをストックし、専用応募ハガキに貼るバーコードは必ず最大口数を貼って応募すると言います。ハウス食品の懸賞で当選した巨大なしょうがの抱き枕は「今や、この枕がないと眠れない」ほど愛用しているそう。

そんな山田さんの得意ジャンルは、商品を購入して応募するクローズド懸賞ですが、「懸賞応募のための買い物はしない」というのがポリシーです。「懸賞が長続きしない人は、応募するための買い物をして散財。その結果、当たらなくて『損した。もう応募しない！』と、やめてしまう」と分析します。何事も、ムリしたら続かないということですね。

また、「普段の買い物のレシートは、すべて捨てずにストックしている」とのこと表計算ソフト「エクセル」に、レシートに記載された購入日・店名・商品名・金額等をすべて入力。後日、懸賞情報を見つけたらエクセル内を検索し、該当するレシートがあれば「待ってました！」とばかりに、ハガキあるいはＷｅｂで応募します。「あとからキャンペーン情報を知ることも少なくないので、レシートのストックはマストです！」と山田さん。

また、懸賞情報を探したり、エクセルに入力するのはなかなかの時間を要するため、ハガキをデコったり、コメントを書いたりするようなことは一切せず、「必要事項のみしっかり書いて、1枚でも多く応募する！」のが、懸賞歴50年の山田さんの懸賞スタイルです。

独占取材 Part2

毎年恒例

丸美屋「春のふりかけキャンペーン」の抽選会に潜入!!

毎年恒例!! 現金または家電が当たる全国区のオープン懸賞

2027年で創業100周年を迎える丸美屋食品工業㈱（以下：丸美屋）。私たちケーマーにはすっかりおなじみとなっている、毎年3月1日からオープン&クローズドの2本立てで実施される恒例の「春のふりかけキャンペーン」は、2023年で36回を迎えました。2023年6月13日に実施された抽選会と、その裏側をレポートします。

これまで、私がよくケーマーのみなさんから質問されてきた「懸賞って、どんなふうに抽選をしているの？」ですが、抽選会に第三者、それも懸賞ライターである私や、雑誌・新聞社などのメディアも参加できる丸美屋のような企業は少ないです。貴重な抽選会の裏側、目に焼き付けてくださいね〜！

独占取材 Part2

毎年恒例
丸美屋「春のふりかけキャンペーン」の
抽選会に潜入!!

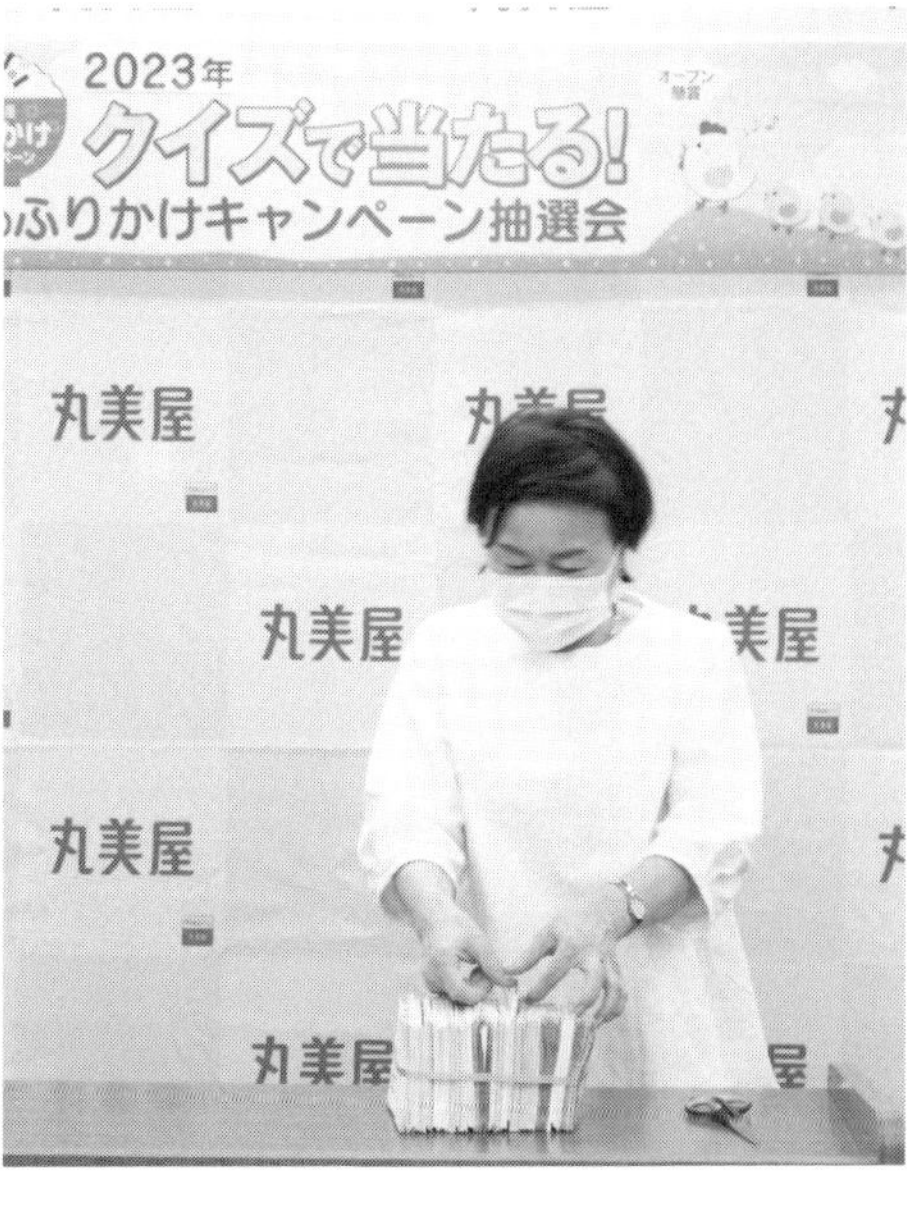

私も抽選会のお手伝いをさせていただきました！

「春のふりかけキャンペーン」オープン懸賞概要

応募期間：２０２３年３月１日〜５月９日（消印有効）
※ハガキは１人何通でも応募可。Ｗｅｂ（パソコン・スマートフォン等）は、５月９日（火）２３時５９分送信完了分まで有効で、応募は１人１回のみ。

クイズ：「ふりかけといえば、ま○みや」

応募方法：郵便はがきまたは専用応募ハガキ、Ｗｅｂの応募フォームにクイズの答えと必要事項を書いて応募。

賞品：１コース「現金５０万円」１０名／２コース「人気家電５点セット」１０名
Wチャンス賞「丸美屋　商品詰め合わせ」１万名

現金への応募は、家電の4倍!!

ハガキ約67万通、Ｗｅｂ約21万通の合計約88万通の応募がありました。そのうち、１コースの「現金50万円」への応募は約70万通、２コース「人気家電５点セット」への応募は約18万通。家電よりも、現金への応募が約４倍も多い結果となりました。

応募は1000通単位で管理

応募ハガキは１０００通ごとに束にして、束に通し番号をふります。「応募は1人1回」に限定されているWeb応募は、重複応募が確認された場合、1人1回の応募に調整されます。そのあと、すべての応募者に番号をふり、ハガキ大の紙に「番号」を出力。ハガキと同様に1000通ごとに束にして、束に通し番号をふります。

抽選方法は2段階方式

まず、パソコンの抽選ソフトで束の番号を抽選します。そのあと、選ばれた束から、抽選者が1枚、ハガキまたは紙を選んで当選者が決定! これを1コース、2コース各10回繰り返し、合計20名の当選者を決定。さらに予備として、繰り上げ当選候補者を各コース5名、合計10名を選びます。

毎回、「ハガキは1人何通でも応募可」とされていますが、広報担当者の方によると、過去には段ボールに大量のハガキを詰めて、宅配便で送ってきた人がいたそうです。その時は、宅配便の送料÷63円(ハガキ代)で計算し、数十枚のハガキのみを有効として抽選したとか。これはとても親切な〝神対応〟だと思います。このようなイレギュラーな応募をした場合、基本的にはどのキャンペーンも無効になりますのでご注意ください。

商品を購入して応募するクローズド懸賞のキャンペーンに限っていえば、封筒にハガキをまとめて入れて送っても有効とする主催者は少なくありません。応募要項に「封筒のまとめて応募も可」とするキャンペーンも増えました。ただし、懸賞は同じ企業が実施していても、応募条件が毎回すべて同じとは限りません。応募要項・注意事項は必ず読んで、「昨年はこれでOKだったから……」と自分の経験や判断で応募しないように気をつけて！　不明点はキャンペーン事務局に電話やメールで必ず問い合わせてください。

また、「予備の繰り上げ当選候補者はいらないのでは？」と思われる人もいるかと思います。でも、今回、現金50万円の当選者のハガキを選んだ直後、「クイズの答え」に間違いがあることが発覚！　クイズ「ふりかけといえば、ま◯みや」の答えを「み」と書いて「まみみや」となっていたのです!!　その場にいた誰もがケアレスミスと思いましたが、残念ですが無効となりました。ほかにも、当選連絡をしてもしばらく連絡がつかない場合など、繰り上げ当選になるケースはさまざまです。

「もしかして、残念だったのは私!?」にならないように、簡単なクイズであっても再度確認をしてください。懸賞歴が長く、慣れている人ほど、ケアレスミスが多くなりがちですのでご注意くださいませ。

当選者が現金を受け取るまでの流れ

幸運にもあなたが当選者になった場合、どのように当選連絡が来て、現金を受け取ることになるのでしょうか？　広報担当者の方が今回特別に教えてくださったので、突然のことにあわてぬよう、「現金50万円を受け取るまでの流れ」をご紹介しましょう。

当選通知を書留で郵送

←

折を見て、担当者が当選者に電話で連絡

←

「現金50万円」は、当選者と連絡が取れたあと、10万円分の郵便為替5枚を書留で郵送（郵便為替の最高額が1枚10万円のため）

←当選者本人が「郵便為替」と「身分証明書（パスポートやマイナンバーカード等）」を郵便局に持参して、その場で現金を受け取る

想像しただけでもワクワクしますよね〜。これこそ「次のあなたの姿！」にしたいですよね♥　もちろん、現金を受け取るにあたり、費用は一切かかりません。

「今日もおいしくマーク」で応募するクローズド懸賞

次に、オープン懸賞と同時に開催されていた、対象商品の「今日もおいしくマーク」を2枚または3枚1口にして応募するクローズドキャンペーンの抽選についてもご紹介しましょう。

独占取材
Part2

毎年恒例
丸美屋「春のふりかけキャンペーン」の
抽選会に潜入!!

「春のふりかけキャンペーン」クローズド懸賞概要

応募期間：２０２３年3月１日～5月９日（消印有効）
※期間中１０回、毎週締切あり。
応募方法：郵便はがきまたは専用応募ハガキに「今日もおいしくマーク」を貼り、必要事項を書いて応募。
賞品：Ａコース「フライパン５点セット」毎週２５０名　合計２５００名／Ｂコース「深型フライパンセット」毎週２５０名　合計２５００名
Ｗチャンス賞「丸美屋　商品詰め合わせ」両コースにハズレた方の中から抽選で「丸美屋商品詰め合わせ」毎週５００名　合計５０００名。

期間中、何度も当選する可能性あり

今回は50万口を超える応募があったそうです!!　ケーマーの心配は、毎週締切があるクローズド懸賞の場合、「1回目の締切で当選したら、そのあとの締切では当たらないのでは？」。広報担当者の方に確認したところ、「締切が異なれば、同じ人が複数回、当たる可能性はあります」とのこと!!　丸美屋に限ってになるかもしれませんが、安心して何度も応募できますね♪

マークの貼り間違いに注意

日頃からキャンペーンに備えて、パッケージにある「今日もおいしくマーク」を集めてストックしている人も多いかと思います。マークの脇には小さくアルファベットや数字が書いてありますが、これらは350点以上もある商品を識別するためのものです。キャンペーンによって対象商品は異なるので、キャンペーン対象商品以外のマークの応募は抽選の対象外になります。ストックしていたマークを貼って応募する時は、マークの貼り間違いに注意してください。

マークをストックする時は、裏側に商品名をメモしておくとよいでしょう。万が一、商品名がわからなくなった場合は、同社のお客様相談室にたずねると回答していただけるようです。

クローズド懸賞のハガキ・切手代をいかに節約するか?

ハガキ応募は、1枚につき郵便料金が63円かかります。そのため、丸美屋の専用応募ハガキは1枚で最大4口まで応募できますが、「郵便はがきまたは専用応募ハガキにマークを貼れるだけ貼る」「複数枚の専用応募ハガキを封筒にまとめる」の応募でも有効であり、抽選の対象となります。なお、抽選の際は、一口分の当選確率が同じになるように按分計算(あんぶんけいさん)して、抽選しますので、応募の口数の多少で有利・不利になることはありません。

ハガキの郵便料金は63円(令和5年9月)ですが、規定重量は6gで、それ以上は84円になります。マークをたくさん貼りすぎて重さが不安な人は、郵便局で重さを確認してもらってから投函してください。広報担当者の方によると、料金不足で届くハガキも少なくないとのこと。当然ですが、料金不足のハガキは抽選からはずされますのでくれぐれもご注意ください。

ハガキの消印はしっかりチェックしている

懸賞の締切は月末のことが多いものですが、「春のふりかけキャンペーン」は5月9日（当日消印有効）。ゴールデンウィークをはさむということもあるのでしょうか、締切後に届くハガキが少なくないそうです。丸美屋では、5月9日以降に届いたハガキはしっかり目視で消印を確認し、有効か無効かを仕分けます。残念ながら、5月10日以降の消印が押されたハガキは抽選の対象にはなりません。

郵便局の窓口では営業時間内であれば、その日の消印を目の前で押してくれるサービスがありますので、締切ギリギリで応募する際はその方法をとったほうが、安心できますよね。

独占取材 Part2

毎年恒例
丸美屋「春のふりかけキャンペーン」の
抽選会に潜入!!

丸美屋とガバのただならぬ!? カンケイ……

平成30年に放送された某テレビ番組の懸賞企画で、「キャンペーン期間中に複数回、締切がある丸美屋のクローズド懸賞は、1回目の締切はストックしていたマークで応募する人が殺到するので激戦。2回目以降の締切に応募するのがねらい目」と発言した私。すると番組は真偽を確かめるべく、丸美屋に取材を敢行！　結果、本当だということがわかり、私の面目は保たれたわけですが……実は後日談がありました！

その番組の放送直後に開催されたキャンペーンでは、いつもは圧倒的に応募が多いはずの1回目の締切の応募が極端に減り、担当者は「何があったのだろう……」と青ざめる状況になったとか。ただし、そのあとは毎回まんべんなく応募があり、結果的には応募数はいつもと変わらず盛況だったということです。つまり、テレビの反響がすごかったということ！　丸美屋さま、その節は大変失礼しました！

おわりに

「当選品で生活費を浮かせ、マンションの頭金をゲットする！」と決めて懸賞を続けていた1997年。規制緩和で賞品額の上限が、それまで100万円だったのが一気に1000万円に上がり、懸賞がにわかに注目を浴びました（現在は上限がありません）。ブームが背中を押すように、私の愛称である「ガバちゃん」が懸賞達人としてさまざまなメディアに登場することになった出来事でもあります。

当時、会社勤めをしながら、雑誌や夕刊紙に懸賞の記事を書いたり、テレビやラジオに出演したりといった日々を送り、ついに30代で目標としていたマンション購入を果たし、有頂天となった私！　そして入居する前日に、青天の霹靂となる「リストラ宣告」を受け、マンションの30年ローンを抱えたまま無職に……。

「それなら、このまま行けるところまで行け！」と考え、懸賞を生業とする日本で唯一の懸賞ライターとなった私。幸いなことにリストラ後は取材や、記事の執筆の依頼が増え、月に27本も懸賞の記事を書いた年もありました。よくそんなにネタがあったものだと思いますが、何事も突きつめれば奥が深いもの。記事の内容は「懸賞を当てるテクニック」がメインでしたが、当選秘話や達人&懸賞主催者の取材、抽選会など、さまざまな角度から懸賞とかかわってきました。

そして、懸賞ライター歴28年の間に、懸賞を取り巻く環境は大きく変わりました。昭和の時代、おもな通信手段だった電話は家にありましたが、今や持ち歩く時代となり、音声やメッセージはもちろん、写真や動画までも家族や友達に、そして世界に向けて発信できてしまう時代……。28年前には絵空事だった時代に今、私たちは生きています。もちろん、懸賞もデジタル化によって劇的に変容を遂げていますが、さらに進化していくことは誰もが予想できることですよね。

今回取材した達人・キャサリンさんは「時代の変化に対応するのは大切なこと」と言っていました。光の速さのごとく変化するデジタル化についていけず、取り残されていくことに不安を覚える高齢者は多いと思います。実は私もそんな1人……ですが、「わからない!」と言ってそのままにしていたら、この先もずっとわからないまま。わからなければ、相談窓口に連絡したり、やさしく教えてくれるまわりの人にどんどん聞いて、自分をアップデートしていきましょう!

こんな私でも、周囲の力をお借りしながら、懸賞を生業にして、今もこうして「懸賞達人・ガバちゃん」として健在です。いつも私をバックアップしてくれる懸賞専門情報誌『懸賞なび』のスタッフの皆様に感謝申し上げます。

もちろんこの本の最大の功労者は、ご登場してくださった達人たちです。そして、これまで私の取材を快く受けて下さり、テクニックや当選秘話を惜しみなく教えて下さった500人以上の達人たちにも感謝しなければなりません。また、新刊の表紙のデザインは私の希望とスタッフ全員の希望が分かれ、難航しましたが、発行責任者の森下幹人社長、佐藤一郎氏と私の好みが一致し（?）、晴れてこの表紙に確定したとうかがいました。ありがとうございます！

最後に、私が創刊当時からたずさわっている懸賞専門情報誌『懸賞なび』が今年、20周年を迎えました。これも一重に、懸賞を愛する読者のみなさまのおかげです。同じ年月を関わらせていただいた1人として、私からも感謝申し上げます。これからもどうぞ、懸賞と、『懸賞なび』を楽しまれてくださいませ。みなさんに「ビッグ当選」届け〜!!

令和5年9月8日

ガバこと、長場典子

毎月22日発売

日本で唯一の月刊懸賞専門誌

懸賞なび（白夜書房刊）

現在実施中のオープン＆クローズド懸賞情報をはじめ、「金券・チケット」「食品・飲料」「生活用品」「ホビー・おもちゃ」「ソフト・本」など、読者プレゼントを盛りだくさん紹介！

ガバちゃんが日本全国の懸賞達人のもとを訪ね、当選の秘けつを直撃する「ガバちゃんの攻略法が知りたい！」、編集部の懸賞達人・ぴろり＆マンガ家・蛸山めがね先生＆ピン芸人・いたやまメディコが毎月当選した賞品を発表する「のほほん懸賞生活」など、楽しい読み物もいっぱい！！　『懸賞なび』を読めば、当選率がアップすること間違いなしです！

雑誌『懸賞なび』のケータイサイト

ケータイ懸賞なび

懸賞なび　検索

雑誌『懸賞なび』のケータイサイト「ケータイ懸賞なび」では、月額使用料２２０円（税込・パケット代別）で、雑誌『懸賞なび』に掲載している懸賞情報に簡単に応募できます。ケータイサイトだけのオリジナル懸賞も大充実！！

雑誌『懸賞なび』＆「ケータイ懸賞なび」で、懸賞生活をもっともっと楽しんじゃおう☆

日本一の懸賞達人・ガバちゃんの 劇的に当選率がアップする

当たるテクニック30

2023年9月15日　第1刷発行

著者　長場典子

撮影　吉村　永
ヘアメイク　小祝可奈子
装幀　高橋デザイン事務所
協力　丸美屋食品工業株式会社
Special Thanks　佐藤一郎・坂田夏子・佐藤直樹・橋本浩子・長谷部達也・蛸山めがね・いたやまメディコ
発行人　森下幹人
発行所　株式会社白夜書房
〒171-0033　東京都豊島区高田3-10-12
電話　03-5292-7723（編集部）
03-5292-7751（営業部）
https://www.byakuya-shobo.co.jp
デジタル製版　株式会社公栄社
印刷・製本　大日本印刷株式会社

定価はカバーに表記してあります。